KB125134

죽은 자가 말할 때

죽은 자가 말할 때

법의학이 밝혀낸 삶의 마지막 순간들

W E N N   D I E   T O T E N   S P R E C H E N

클라아스 부쉬만 지음 | 박은결 옮김

whale books

이 책에 실린 법의학 사례는 모두 실제 사건들이며, 거론되는 모든 이름과 사건이 발생한 지역은 익명으로 처리했다. 일치하거나 유사한 경우가 있다면 그것은 모두 우연이다. 제삼자의 대화 내용이나 진술은 실제로 이루어진 그대로 적지 않고 그 의미와 내용을 살려 재현했다.

일러두기

◇ 옮긴이가 독자들의 이해를 위해 덧붙인 글에는 옮긴이로 표시했습니다. 이 표시가 없는 글은 지은이의 글입니다.

◇ 책 제목은 겹낫표(『』), 편명, 영화, 게임, 방송 프로그램 등은 홑화살괄호(〈〉), 신문, 잡지 등은 겹화살괄호(《》)를 써서 묶었습니다.

나의 가족에게

베를린 미테구區, 오전 7시. 중앙역 유리 건물과 방사선 형태의 교도소 장벽을 지나 모아비트Moabit 지구로 들어선다. 예전에는 노동자 계급이 모여 살던 곳이었고, 지금은 오래된 건물과 새 건물이 좁은 간격으로 줄지어 서 있다. 시야의 한 귀퉁이에는 프로이센 양식의 형사법원이 있다. 주차차단기 너머로 보이는 정육면체 건물 전면에는 규칙적인 간격으로 창문이 빼곡하다. 세월이 흘렀음에도 여전히 유난스럽지 않고 모던한 모습이다. 건물 안으로 들어서면, 우리가 아는 병원과 비슷한 길고 폭이 넓은 복도가 나타난다. 다만 더 조용할 뿐이다. 벽에는 몇 개의 유리 진열장이 설치되어 있고, 그 안에는 손과 발, 머리의 표본이 놓여 있다. 일부는 총상 자국이 있다.

◇

오른쪽으로 꺾으면 탈의실이 나온다. 나는 외출복을 간이 옷장에 넣고 파란색 면바지와 단추 없는 상의로 갈아입는다. 신발을 벗어두고 고무 실내화를 신는다. 새 의료용 앞치마를 두르고 일회용 장갑을 낀다. 마스크는 없다. 탈의실 뒤로는 또 다른 복도로 향하는 문이 있다. 여기서부터는 냄새가 나기 시작한다. 불쾌하게 달짝지근하고 부패한 냄새. 이 냄새를 찌르는 듯한 냄새라고 표현하는 사람도 있을 것이다. 거기서 몇 발자국만 더 가면 둥근 유리창이 달린 미닫이문이 나온다. 유리창 너머로는 나란히 설치된 네 개의 금속 테이블이 보인다. 각 테이블의 끝에는 물이 채워진 수조가 자리 잡고 있고 그 옆에 가위, 메스, 핀셋, 바늘이 있다.

테이블 위에는 씻긴 상태로 누워 있는 시신 네 구가 놓여 있다. 3주 전, 그저께, 어제까지만 해도 살아 숨 쉬고, 대화할 수 있었던 네 명의 사람들. 그들은 누구이며, 무슨 일을 겪은 것일까? 그들의 몸은 과연 죽음에 관한 진실을 말해줄까?

베를린 미테구, 오전 7시 30분이 조금 넘은 시각. 여섯 명의 법의학자가 부검실에 들어선다. 그리고 일을 시작한다.

◇

차례

들어가며

내가 법의학자가 되기로 마음먹은 건 비교적 늦은 나이였다. 심지어 의학을 전공하겠다고 결심하기 전에는 두 번의 아우스빌둥(직업교육. 이론교육과 현장 실습교육으로 이루어져 있는 독일의 이원적 교육 시스템 – 옮긴이)을 거쳤다. 가족 중에 의사가 있는 것도 아니었다. 고등학교 졸업시험을 마친 직후에는 무슨 일을 하며 살아야 할지 전혀 몰랐다. 내가 의학에 관심을 갖게 된 것은 우연한 계기였다. 1990년대 중반, 초보 운전자였던 나는 빙판길에 미끄러지면서 나무를 들이받은 큰 사고를 냈다. 구급차가 현장으로 왔고, 구급대원들이 찌그러진 차에서 나를 끌어냈다. 다행히 크게 다치지 않았기 때문에 병원으로 가는 길에 두 명의 구급대원 중 한 명과 대화를 나눌 수 있었다. 그는 자신이 하는 일을 설명해 주었고, 그 이야기를 듣고 구급대원이야말로 나에게 맞는 직업이 아닐까 생각하게 되었다.

이후 군 대체복무로 구급대원이 되어 일했던 13개월은 매우 흥미로웠다. 아침까지만 해도 상상할 수 없던 일들이 계속해서 일어나는 날들이었다. 대체복무를 마친 뒤에는, 응급구조사 직업교육을 받기 시작했다. 이것이 나의 첫 직업이었다. 하지만 이 일이 만족스럽지 않다는 사실을 깨닫기까지는 오래 걸리지 않았다. 응급구조사를 장기적으로 할 수 있을지 의문이 들었기 때문이다. 6층에서 사람들을 끌고 내려와 구급차에 태우는 일을 서른 살까지 반복하다 보면, 높은 확률로 허리가 남아나지 않을 것 같았다. 회의감은 점점 커져만 갔다. 그때 내 주변의 많은 친구들이 상경계열 교육을 받고 있었고, 그것을 계기로 나 또한 분야를 바꿔보기로 했다. 그렇게 나는 대형 제약회사에서 영업직 직업교육을 마쳤다. 하지만 사무직은 나와 전혀 맞지 않았다. 안간힘을 써서 교육 기간을 채우기는 했지만, 평생 책상에 앉아 일하고 싶지는 않았다.

두 번의 직업교육을 마치고 20대 초반이 되었지만, 여전히 무슨 일로 생계를 꾸려야 할지 알 수 없었다. 그러던 내게 의학 전공을 추천한 사람은 여자 친구였다. 사실 나는 고등학교 졸업 시험 점수가 썩 좋지 않았고, 솔직히 말하면 게으른 마음도 있었다. 하지만 전공 공부를 당장 시작할 수 있을 만큼의 입학 허가

대기 시간(독일에서 대학 입학시험을 치르고 난 뒤부터 정원 제한이 있는 학과의 입학 허가를 받기 전까지의 시간 – 옮긴이)은 이미 충분히 모아둔 상태였다. 그럼 한번 해보지 뭐. 나는 스물셋에 함부르크대학교에 입학했다. 내 계획은 마취전문의가 되어 구급차를 타는 것이었다. 즉, 나는 응급 의사가 되고 싶었다. 그 계획에 맞춰 학과를 선택했고, 박사 논문 또한 마취에 관한 것이었다. 그때까지만 해도 법의학은 좀 비뚤어진 학문처럼 느껴졌고, 나는 법의학자가 될 생각이 전혀 없었다. 죽은 이를 상대해야 하는 일이 직업적인 즐거움을 가져다줄 수 있을까? 법의학 실습을 하고 나서야, 점차 이 분야에 빠져들었다. 무엇보다 법의학은 나에게 맞았다. 그리고 생각과는 달리 흥미로웠다! 의미 있고 중요하면서도 큰 영향력을 갖는 일이었으며, 비단 검찰만을 위한 일이 아니었다. 나는 대학 재학 중 사망 사건과 관련하여 짧은 학술 보고서를 쓰기도 했고, 때때로 법의학회에 참석해 연구논문을 소개하기도 했다.

공부를 마친 직후, 바로 마취과 의사로 취직하지는 못했다. 하지만 수년간 나의 멘토이자 친구 같았던 미하엘 초코스Michael Tsokos 교수가 베를린 샤리테Charité 대학병원 법의학과에 가서 함께 일해보자는 제안을 했다. 평생 단 한 번일, 그런 기회였다! 샤리테는 베를린에서 가장 역사가 오래된 병원이었고 유럽에서 가장 큰 대학병원 중 하나였다. 그렇게 2007년 7월 베를린으로 거처를 옮겼고, 결국 법의학자의 길을 걷게 되었다. 지금까지 이 두 가지를 후회한 적은 단 한 번도 없다.

이 책에서 소개하는 이야기는 하나를 제외하고 모두 베를린에서 겪었던 실제 사건들이다. 내용 중에 꾸며낸 것은 없지만, 간혹 (분명 주관적일) 내 기억에 의존해 서술한 부분은 있다. 해부학적인 세부 사항은 경우에 따라 단순화했으니, 독자들 중 의사인 이들이 있다면 너그러운 마음으로 읽어주길 바란다. 또한 피해자와 가해자의 인격권을 보호하기 위해 이름과 장소, 직업 등은 바꿔 서술하였다. 장면 묘사나 대화는 경험하고 들은 내용을 자유롭게 옮긴 것이기는 하나, 믿을 수 있는 출처 혹은 현장이나 법원에서의 경험에 근거를 두고 있음을 밝힌다.

Chapter 01

트렁크 속의
여인

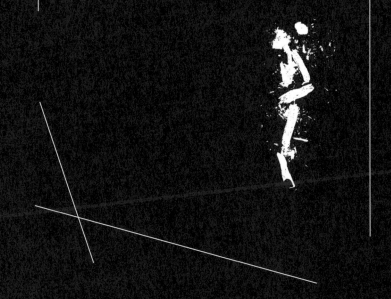

12월 31일 저녁 6시쯤이었다.

　"긴급 신고, 베를린 경찰입니다. 안녕하세요."

　"안녕하세요. 제가 지금 B1 도로 위에 있는데요. 방금 가벼
운 사고가 났거든요. 반대쪽 차로에서 차량 하나가, 마치 유령이
운전대를 잡은 것처럼 흔들거리며 달려서 차선을 침범했어요.
그러다가 제 차의 사이드미러를 부쉈는데, 그냥 가버린 거예요.
그래서 바로 차를 돌려 쫓아가서 결국 그 차를 세웠어요."

　"정확한 사고 지점을 말씀해 주시겠어요?"

　"아니, 그런데 그 남자가 다시 그냥 가버렸어요! 그 사람 완

전 이상했다니까요. 엄청 초조해 보였고, 절대 경찰에 알리려고 하지 않았어요. 그리고 자기 차 트렁크에 부인의 시신이 있다고 했어요. 그러더니 그냥 도망가 버렸어요. 베를린 쪽으로요."

"지금 장난 전화 거신 건가요?"

"아뇨, 진짜예요! 그 남자가 진짜 그렇게 말했어요. 트렁크 안에 시신이 있다고. 차는 스테이션 왜건이었어요. 그 차를 찾으셔야 해요!"

"차량 번호 혹시 메모해 두셨어요?"

"그럼요, 기억해 뒀어요. 차량 번호는…."

잠시 후, 베를린 헬러스도르프Hellersdorf의 한 조립식 아파트에 두 명의 경찰이 찾아가 초인종을 눌렀다. 국도에서 발생한 기이한 사건을 들은 이들은 도대체 무슨 일이 벌어진 건지 확인하고자 했다. 그 차 안에 정말 시신이 있었을까? 범죄가 발생한 걸까? 아니면 역시 장난 전화였을까? 소유자 조회를 해보니 도망간 사고 차량은 상자 형태의 회색 닛산으로, 76세 힐데 크뤼거 앞으로 등록되어 있었다. 주민등록부에 따르면 그녀는 남편 하인츠와 함께 이 집에 살고 있었다.

그런데 문을 열어준 사람은 그들의 딸이었다. 그녀는 자신의 부모님이 수년 전부터 체코 국경 근처 지역에 살고 있다고 말했다. 그곳은 생활비가 적게 드는 덕분에, 그만큼 연금의 가치가 높아지기 때문이었다.

"부모님은 지금 어디 계세요?"

"아버지는 곧 오실 거예요. 우리 집으로 운전해서 오신다고 했거든요. 그런데 무슨 일이세요?"

"국도에서 신고가 들어와 아버님과 잠시 이야기를 나눠야 합니다. 저희 명함 여기 두고 갈 테니까, 도착하면 연락 부탁한다고 전해주세요."

딸은 명함을 집어 들었고, 경찰은 인사한 뒤 집에서 나왔다. 잠시 뒤 관할 경찰서의 전화가 울렸다.

"하인츠 크뤼거입니다. 저와 이야기하고 싶다고 전해 들었는데요."

"헬러스도르프에 있는 따님 집으로 운전해서 오셨어요?"

"네."

"거기 계세요. 저희가 곧 갑니다."

몇 분 뒤 경찰들은 주차된 닛산을 에워쌌다.

"크뤼거 씨, 아내분은 어디 계세요?"

"저기, 저기 뒤에 누워 있어요. 차에서 물러나요!"

실제로 차량 뒤쪽 슬라이딩 도어의 창문 사이로, 트렁크와 접어서 젖혀 놓은 뒷좌석에 비스듬히 누워 있는 사람의 형체가 보였다. 머리는 베개 위에 기대고 있었고, 눈은 감은 상태였으며, 얼굴 주변으로는 긴 회색 머리카락이 드리워져 있었다. 그 옆으로는 커다란 나무판자가 보였는데, 아마도 움직이는 걸 방지하기 위해서 그곳에 둔 것 같았다. 첫눈에는 그 여성이 자고 있는 것처럼 보였지만 하인츠 크뤼거 씨는 아내가 죽었다는 사실을 솔직히 털어놓았다.

"오늘 아침, 그냥 쓰러져버렸어요! 저는 아내를 체코에 두고 싶지 않았어요. 아내는 여기 베를린에 묻혀야 해요."

경찰들은 그를 의심스러운 눈빛으로 쳐다봤다. 과연 저 남자가 사실을 말하고 있는 걸까?

공식 통계로 보나, 매일 마주하는 경험으로 보나, 경찰이 그의 말을 믿지 못하고 의심하는 데는 그럴 만한 이유가 있었다. 독일 연방범죄수사청Bundeskriminalamt에 따르면, 연인이나 부부 사이의 폭력 다섯 건 중 네 건은 피해자가 여성이다. 2018년 독일에서는 시도되거나 저질러진 연인 또는 부부 사이의 폭력 범죄가 총 14만 건 기록되었고, 그중 6만 8500건이 고의적이고 단순한 신체 상해, 약 1만 2000건이 위험한 신체 상해, 1600건이 자유를 박탈한 사례였다. 이 숫자는 경찰에 신고된 사건의 숫자일 뿐이다. 보고되지 않는 사건의 숫자는 훨씬 높을 것으로 추정된다. 2018년 부부 사이에 발생한 살인 및 살인미수 324건 중 77퍼센트의 희생자가 여성이었다.

이번에도 한 남성이 자신의 아내를 때리거나, 독살하거나, 총으로 쏘거나, 목을 졸라 죽인 걸까? 어쨌든 크뤼거 씨는 차 주위를 뛰면서 흥분한 모습을 보였으며 경찰들이 시신 가까이에 가지 못하게 소리를 지르고, 욕을 하고, 무례하게 말하는 등 의심을 완전히 거둘 수는 없게끔 행동했다. 상황은 진척이 없고, 법의학자가 필요했다.

그래서 내가 출동하게 되었다. 그사이 시간은 밤 9시가 되어 있었다. 당시 나는 프렌츠라우어 베르크Prenzlauer Berg 지역에 살고 있었고, 작은 새해 전야 파티를 즐기고 있다가 자동차 열쇠를 챙겨 뛰쳐나와야 했다. 친한 지인 부부가 손님으로 와 있었는데, 남편은 응급 의사였다. 출동하면서 그에게도 갈 의향이 있는지 물었더니, 바로 그러겠다고 답했다. 경찰의 전화를 받았으니 오늘 저녁은 그것으로 끝이었다. 그렇게 한 해의 마지막 날 밤을 또 일로 지새워야 했지만, 적어도 친구와 함께 보낼 수 있었다.

우리가 헬러스도르프에 도착했을 때는 이슬비가 내리고 있었다. 베를린 최고의 겨울 날씨였다. 크뤼거 씨의 자동차는 가로등 불빛을 받으며 아파트 앞에 세워져 있었다. 경찰의 눈에 띄는 작전 수행으로, 현장에는 보는 눈이 많아진 상태였다. 이웃집에서는 창문을 열고 쳐다보기도 하고, 몇몇은 핸드폰을 들고 있었다. 유가족(딸과 사위, 그리고 손자)은 완전히 제정신이 아닌 상태로 비를 맞으며 차 근처에 서 있었다. 그들은 자신의 아버지이자 할아버지가 아내를 트렁크에 실어서 국경을 넘었다는 사실을 믿을 수 없었다. 몰래 시신을 차에 싣고 500킬로미터를 운전했다고? 도대체 무슨 일이 있었던 거지? 특히 죽은 사람을 한 번도 본 적이 없는 손자는 쇼크 상태에 빠졌고, 응급처치를 받았다.

그 상황에서 현장 검시를 진행하는 건 불가능했다. 어떻게 가능했겠는가? 검시를 진행하려면 우선 차 내부를 밝히고, 나무판자를 제거하고, 여성의 옷을 잘라 나체 상태로 몸을 돌리고 입, 몸통, 팔, 다리에 날카로운 물체나 둔기로 공격받은 흔적이 있는지 살펴야 했다. 그건 주변 상황을 고려했을 때 완전히 부적절한 일이었다. 그래서 간단히 살펴보기로 하고, 이후 보고서에 시신에 대한 첫인상을 다음과 같이 서술했다.

"짐을 싣는 공간에 한 노년의 여성이 등을 대고 누워 있는 것이 보인다. 머리는 노출되어 있으며, 신체의 나머지 부위는 두 겹의 담요로 덮여 있다. 가볍게 살펴본 첫 검시에서 머리와 목 부위에 시반이 관찰된다. 시반屍斑은 전형적인 푸른 자줏빛을 띠며 손가락으로 세게 누르면 바로 사라졌다가 손가락을 떼면 빠르게 다시 나타난다. 잔여 온기가 확실히 느껴진다. 오른쪽 바깥 눈썹 바로 위쪽에 1cm가량 가로로 찢어진 상처가 보이지만, 주변으로 피가 흐른 흔적은 없다. 압력을 가하면 매우 적은 양의 피가 액체 상태로 흘러나온다. 머리와 목 부위에 다른 상처는 없다. 종합적인 상황(공공 도로 주변, 열악한 조명, 불편한 공간적 조건) 때문에 현장에서의 자세한 검안은 불가능해 보이므로, 보다 자세한 조사를 위해 수사당국과 협의 후 시신을 법의학 연구소로 옮긴다."

나는 시신을 수송하는 차량을 바로 뒤쫓았다. 여성의 사인이 밝혀지지 않은 동안에는 남편이 유력한 용의자로 남기 때문이다. 그가 현장에서 난동을 부리고, 수사를 계속 방해했기 때문에 경찰은 남편을 유치장으로 데려간 상태였다. 우리가 사망 원인에 대해 더 자세히 알아낼 때까지, 남편은 그곳에서 밤을 보내야 했다.

나는 법의학 연구소의 밝은 불빛 아래에서 주변의 방해를 받지 않고 조용히 시신을 살펴볼 수 있었다. 부검을 위해서는 또 한 명의 법의학자가 함께해야 했으므로, 일단 육안으로만 검시를 진행했다. 사망한 여성은 평소 그다지 건강하지도 깔끔하지 않았던 것은 분명해 보였지만, 눈에 띄는 특별한 신체 이상은 없어 보였다. 눈썹 위쪽의 상처는 전형적인 '모자 테두리' 상처인 것으로 나타났다. 이와 같은 상처는, 누군가가 기절할 때 반사적으로 팔을 뻗어 자신을 보호하지 못한 채 쓰러지는 상황처럼, 제동이 걸리지 않고 평평한 땅 위로 넘어질 때 자주 나타난다. 이 부위의 상처는 거의 땅에 쓰러졌을 때 생기는 반면, 모자를 썼을 때 테두리가 위치하는 선보다 위쪽에 생기는 상처는 단순히 넘어져서 생기는 것이 아니다. 그 경우에는 어떤 폭력에 의해 머리 부상을 입은 것이라는 의심이 생긴다.

사망자는 머리에 생긴 상처 때문에 피가 눈에 띄게 나지도 않았고, 주변에 피가 묻지도 않았다. 이것은 사후에 생긴 상처라는 뜻이다. 여성은 심혈관 정지가 온 뒤에 쓰러지면서 어딘가에 부딪혔거나, 남편이 시신을 차에 실으려고 할 때 상처가 생긴 것 같았다. 출발하기 전, 남편은 먼 길을 가는 동안 어떻게든 아내를 '품위 있게' 안치하려고 했던 듯하다. 그녀의 손목은 스카프로 느슨하게 묶여 있었고, 손은 기도하는 것처럼 꼭 잡고 있었다.

가정폭력이나 살인의 흔적은 어디에서도 찾을 수 없었다. "종합적으로 보았을 때, 남편이 묘사한 사건 발생 과정은 신빙성이 있다. 사안을 더욱 명확히 하기 위해, 서명인은 업무 과정에서 부검을 제안한다." 밤 10시 30분경, 나는 기기에 위와 같은 내용을 녹음해 두고 경찰에 정보를 넘겼다. 경찰은 바로 크뤼거 씨를 풀어주었고, 그는 자정이 되기 전에 자유로워졌다.

하지만 크루머 씨의 심리 상태가 너무 불안정해서, 경찰은 가족에게 반드시 정신과 상담을 받을 것을 권유하였다. 그는 유치장에서도 격렬한 발작을 일으켰으며 계속해서 머리를 힘껏 벽에 부딪치기도 했다. 그날 저녁, 너무도 현실과 동떨어진 듯한 일련의 사건들(시신의 불법 운송, 가벼운 교통사고, 경찰의 체포)은 노인에게 커다란 정신적 충격을 안겼던 것이 분명했으며, 그를 정상 궤도에서 벗어나게 했다. 하지만 이 모든 상황을 당시에는 전해 듣지 못했다. 같이 출동한 친구와 나는 자정이 되기 전에 퇴근하여 다시 집으로 돌아갈 수 있었고, 새해로 넘어가던 시각에는 아내와 함께 건배할 수 있었다.

법의학자가 죽음과 슬픔, 운명의 현장에 있다가 금세 스위치를 전환해 현재와 미래를 즐겼다는 사실에 거부감이 느껴지는가? 어떤 이들은 나의 태도가 경건하지 않고 부적절하다고 생각할 수도 있겠으나, 내 생각은 다르다. 매일같이 덧없는 삶의 모습을 눈앞에서 생생하게 목격하기 때문에 그리고 너무 많은 고통과 슬픔, 폭력을 경험하기 때문에 적어도 나 자신은 매우 행복하고 단단한 현실에 기반을 둔다는 느낌으로 살아가고 싶다. 나는 사랑하는 모든 사람이 건강하고 평온한 날들에 감사함을 느낀다. 나의 일상을 지탱하는 것도 이런 감정이다. 나는 작은 일에 흥분하는 일이 거의 없으며, 우울한 분위기와도 거리가 멀다. 이렇게도 생각해 볼 수 있기 때문이다. 모두가 피할 수 없는 죽음이야말로, 우리가 살아 있다는 사실을 축하할 이유이지 않을까?

이틀 뒤, 새해 첫 근무일에 고인이 된 힐데 크뤼거는 다시한번 부검대에 올랐다. 검찰은 내 권유에 따라 부검을 지시했다. 그사이 사망자의 딸은 아버지가 했던 말이 전반적으로 신빙성이 있다는 사실을 확인해 주었다. 아내가 몸이 좋지 않아 병원으로 가려 했으나 가는 길에 쓰러져버렸다는 것이다. 사실 크뤼거 부인의 죽음은 가족 누구에게도 그렇게 놀라운 일은 아니었다. 연금생활자였던 그녀는 과체중이었으며, 중증 폐질환을 앓고 있어 수년간 치료를 받고 있었기 때문이다.

이 부부 가운데 상황을 주도하고, 목소리를 내던 쪽은 힐데 크뤼거 부인이었기 때문에 불안해진 남편은 체코 경찰에게 연락하고, 그곳에서 아내의 사망증명서를 발급받을 자신이 없었다. 그렇게 하기 위해서는 먼저 지역 장례식장에 연락한 뒤에 독일 대사관에 연락해 유럽연합 내 시신 송환과 관련한 적법한 절차에 따라 일을 처리해야 했다. 해외에서 사망한 이를 독일로 송환하는 것도 물론 가능하지만, 상대적으로 처리가 복잡하고 시간과 돈도 더 많이 드는 일이었다. 크뤼거 씨는 이 모든 과정을 알고 있었던 것 같다. 하지만 혼자서는 이 모든 걸 헤쳐나갈 자신이 없었다. 그다음 일은 딸이 알아서 해결하고 모든 행정절차를 맡아주길 바라는 마음으로, 일단 베를린으로 향한 것이다. 시신을 차에 싣고 (80킬로그램의 시신을 혼자 들 수 없었기에, 그는 이 과정에서 손수레를 이용했다) 가장 빠른 길로 고향에 돌아왔다. 그는 자신의 딸에게 이 모든 내용을 상세하게 털어놓았고, 딸은 경찰에게 들은 그대로 설명했다.

개인적으로는 크뤼거 씨의 이야기가 현장에서부터 신빙성이 있다고 판단했다. 그런 이야기는 누구도 꾸며낼 수 없었을 것이다. 그리고 크뤼거 씨는 한 해 마지막 날에 살인을 저지를 만큼 냉혈한 연금생활자처럼 보이지도 않았다. 오히려 그 반대였다. 하지만 그의 진술을 의학적으로도 증명할 수 있을까? 검찰은 이에 대한 답을 부검을 통해 얻기로 결정했다.

새해 첫 근무일, 대학생 시절부터 몰았던 나의 충실한 동반자, 조수석 문이 은색인 92년형 붉은색 도요타 코롤라 '붉은 남작'을 타고 아침 일찍 출근했다. 연구소 앞에 주차하고 나니 입구에 서서 내 쪽으로 다가오는 한 노인이 보였다. 저 사람은…? 크뤼거 씨였다. 그는 주변을 두리번거리고 있었다. 날 기다리는 건가? 내가 그를 잠시 만났던 새해 전야 이후, 그는 잠을 제대로 자지 못한 사람처럼 보였다. 지치고 초췌한 모습이었고, 눈에서는 공포와 두려움이 읽혔다. 연구소 앞에 얼마나 오래 서 있었던 걸까? 입구를 통해 건물로 들어가려면 다른 여지가 없었다. 나는 그가 서 있는 곳을 지나가야 했다. 입구 쪽으로 가자, 그는 즉시 내 쪽으로 다가왔다.

"박사님, 박사님! 제 아내를 부검하지 마세요!"

"죄송합니다…."

"안 돼요, 제발! 하지 마세요!"

"크뤼거 씨, 죄송하지만 제가 해야만 하는 일입니다. 누구를 부검하고, 부검하지 않고는 제가 결정하는 게 아니에요."

나는 부드럽고 차분하게 말했다. 그 순간 나는 그 남성이 안타까운 마음이었다. 그러나 그는 완전히 이성을 잃은 상태였으며, 누가 봐도 거의 신경쇠약에 걸린 듯한 상태였다. 나는 그를 진정시키려고 노력했다.

"아내분의 시신을 좋은 상태로 돌려드리겠다고 약속할게요. 부검했다는 사실은 거의 알아보지도 못하실 겁니다."

"안 돼요, 그러면 안 돼요! 내가 얼마나 사랑했던 사람인데!"

"크뤼거 씨, 정말 죄송해요. 제가 도와드릴 방법이 없어요. 그 부분은 검찰과 이야기하셔야 해요…."

크뤼거 씨는 자신의 처지에 공감하는 듯한 나의 모습에서, 의견을 바꿀 수도 있으리란 희망을 보았던 것 같다.

"박사님, 돈을 드릴게요! 저 돈 있습니다. 2,000유로예요! 여기, 바로 드릴게요."

그는 자신의 지저분한 바지를 뒤지기 시작했다.

"크뤼거 씨, 돈은 받을 수 없어요."

"아니면 우리 집에 있는 개를 데려가세요. 제발요! 그 개는 아내가 끔찍이 아꼈던 개예요. 정말 예뻐하고 좋아했어요. 이제 누가 그 개를 돌보겠어요? 저는 그 모든 걸 할 수 없어요! 제발, 제가 돈과 개를 드릴게요!"

나는 계속 고개를 저었다. 크뤼거 씨가 포기하고 물러나기까지 한동안 실랑이가 계속되었다. 그는 결국 검찰청으로 향했다. 하지만 그곳에서는 누구도 그를 친절하게 상대해 주지 않았고, 이미 내려진 부검 결정을 번복하려고 하지도 않아서 크뤼거 씨는 다시 한번 난동을 피웠다.

내가 이 모든 사실을 알게 된 것은 그로부터 며칠이 지난 후였다. 그전까지 그는 계속 나와 통화를 시도했고, 계속해서 자신의 돈과 개를 주려고 했다. 나는 사무국을 통해 거절 의사를 전했다. 그것 말고 다른 대처 방법은 없어 보였다. 나는 사제나 심리학자가 아니며, 위기에 처한 이 사람을 도와줄 방법을 알지 못했다.

이 또한 우리 일의 특성 중 하나이다. 우리는 가끔 누군가의 표적이 될 때가 있고, 유가족이나 용의자가 우리의 일터에 너무 쉽게 찾아올 수 있다. 연구소 주소는 구글에 검색하면 3초 만에 나온다. 그래서 나는 주민등록 등기부에는 공식적으로 차단 및 통보 설정을 해두었다. 누군가가 내 주소를 찾으려고 하면, 당사자는 원하는 결과를 얻지 못할 뿐만 아니라 그 즉시 내게 메시지가 날아온다. 법의학자라면 모두 차단 및 통보 설정을 할 수 있고, 몇몇 동료들도 그렇게 하고 있다. 우리는 감정인으로 법정에 서야 하는 경우가 종종 있고, 거의 매주 우리를 곤혹스럽게 하는 사람들을 만나기 때문이다.

우리는 바이커 갱단이나 클랜 범죄조직(독일과 스웨덴에서 주로 가족과 친척을 중심으로 구성된 조직범죄 집단 - 옮긴이)이 연루된

소송 절차에 참여하고, 중범죄나 조직범죄와 관련해 법정에서 증언해야 한다. 독일 경찰특공대SEK 소속 경찰들은 법정에서 이름을 밝히지 않아도 되고, 가끔은 얼굴을 가릴 수 있는 마스크를 쓰는 등 익명성을 확보하지만 법의학자는 다르다. 우리는 우리의 모습 그대로 판사석 앞에 서서 항상 실명을 말해야 한다. 게다가 피고인이 심리 무능력 상태인지를 판단하는 것도 법의학자의 몫인 경우가 많다. 혹은 사진과 부검 결과를 가지고 검찰을 지지하면서 변호인의 주장을 반박해야 할 때도 많다. 즉, 범죄조직에서 우리를 좋아할 이유가 없다.

지금까지 직접적인 위협을 받은 적은 없지만, 복수심에 불타는 가해자로부터 동료들이 언어적 공격을 받는 것은 본 적이 있다. 수년 전, 경찰은 유죄판결을 받았던 살인범이 감옥에서 석방된 직후 자신의 집에서 뇌졸중으로 쓰러진 채 숨겨 있는 것을 발견했다. 그리고 그의 서류 더미에서 판사와 법의학자를 포함해 당시 재판 과정에 참여했던 모든 이들의 집 주소가 적힌 메모장이 발견되었다. 이들을 상대로 무언가를 계획 중이었던 것으로 보였다. 그가 무슨 일을 벌이려던 것인지는 모르지만, 분명 좋은 일이었을 리는 없다.

큰 충격을 받은 불안정한 노인이 며칠 동안 나를 포위해 오는 것에 대해서는 위협보다 짜증을 느꼈다. 동시에 크뤼거 씨가

안쓰러운 마음도 들었다. 특히 그가 검찰이나 경찰들과는 다르게, 나를 마음에 들어 하는 눈치였기 때문이다. 아마도 내가 그와 인간 대 인간으로 대화를 나누며 이야기를 들어주었기 때문인 것 같았다.

어쨌거나 종국에는 내가 제출한 부검 감정서로 하인츠 크뤼거 씨는 아내의 죽음과 전혀 무관하다는 사실이 밝혀졌다.

"심근의 절단면은 균일한 갈색을 띠며, 심장 전벽과 심실중격, 심장판막 근육조직 부위에는 작은 점 형태로 희끄무레한 결합조직의 경계가 확인된다. 판막 근육의 끝부분과 심장 전벽에는 출혈이 일어나 있고, 함몰된 부위가 확산되어 있으며 부분적으로 주변부가 점토와 같은 황색으로 변한 근육조직도 확인된다. 이제 막 재발한 심근경색의 흔적이다."

의학용어를 제외하고 풀어 쓰면 다음과 같다. 크뤼거 부인의 심장은 오래전부터 손상되어 있었으며, 언제라도 문제를 일으킬 수 있는 상태였다. 이는 오래전에 생긴 듯한 작은 흉터들이 심근에서 발견된 것으로 알 수 있었다. 사망 원인으로는 심장판막 근육에서 확인된, 일어난 지 얼마 되지 않은 출혈이 꼽혔다. 이것은 막 일어난 심장마비의 흔적으로 관상동맥의 폐쇄나 부정맥으로 인한 산소부족으로 야기된다. 결론적으로 사인은 자연사였다.

그리고 법원에서는 '목적에 부합하지 않는 차량으로 국경을 넘어 허가되지 않은 시신 운송'을 했다는 점에 대해서 크뤼거 씨에게 법적인 책임을 묻지 않았다. 담당 검사는 더 이상의 조건 없이 이 불법 행위(실제로 불법이다)에 대한 기소를 철회했다. 법적 균형감각이 잘 지켜진 결론이었다고 생각한다. 노인은 심리적으로 특수한 상황에 놓여 있었고, 아내의 죽음과 그 과정에서 일어난 모든 상황으로 인해 이미 가혹한 벌을 받은 것이나 마찬가지였다.

Chapter 02

소년의 복수

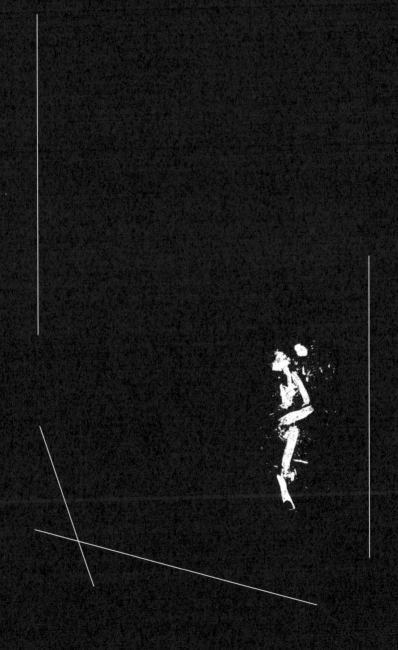

가끔은 '가해자'와 '피해자'의 개념이 두 사람 사이에 일어난 일을 충분히 설명하지 않을 때가 있다. 그리고 가끔은 누가, 어떤 이유에서, 어떻게 죄를 지었고 그 결과로 어떤 처벌을 받아야 할지 판단하기 어렵다. 그런 사건을 접했을 때, 나는 내심 판사가 아니라 법의학자라는 사실이 다행스럽다.

다음의 이야기는 수많은 범죄수사물에서 등장하는 빈민가를 배경으로 한다. 텔레비전으로 보았을 때만 그토록 음산한 분위기를 풍기는 것이 아니다. 이 이야기의 주인공인 다비드는 미디어에서 이러한 상황을 가리킬 때 즐겨 쓰는 표현처럼 '어려운 환경'에서 태어났다. 그의 밑으로 동생이 많았고, 부모는 그가 초등학생일 때 이혼했다. 그의 엄마는 알코올중독자였기 때문에 그는 2년간 보육원에서 지내야 했다. 그 후 한동안은 위탁가정에 맡겨졌다. 그다음으로는 새로운 배우자와 함께 살고 있는 아빠와 지내게 되었다. 다비드가 살던 동네는 매우 낡은 아파트 건물, 황량한 상권, 불법 행위, 폭력, 알코올, 실업으로 점철된 지역으로 조심스러운 말이지만, 아이가 자랄 만한 환경은 아니었다. 그곳에 사는 대부분의 가정에는 절망이 자리하고 있었다.

검은 머리카락을 가진 건장한 소년 다비드는 어느새 8학년이 되어 게잠트슐레Gesamtschule(한국 중등학교에 해당하는 종합학교로, 진로에 따른 구분 없이 교육 과정을 통합적으로 제공한다 – 옮긴이)를 다니고 있었다. 그는 용돈을 벌기 위해 틈날 때 신문 배달을 했다. 다비드의 심리 상태도 항상 안정적이지는 않았다. 그는 경찰서에 두 번이나 갔었는데, 한 번은 스프레이 낙서, 그리고 한 번은 좀도둑질 때문이었다. 두 번 모두 경미한 범죄라 기록으로 남지는 않았다. 선생님과 친구들은 그를 조용하고 사려 깊은 소년이라고 묘사했다.

그런데 이 15세 학생이 살인죄로 기소되어 법정에 서 있다. 무슨 일이 일어난 걸까? 다비드의 이웃집에는 63세의 남자 베른트가 살고 있었다. 그는 아동성범죄로 여러 차례 유죄판결을 받았고 특히 11세에서 15세 사이의 소년들이 그의 표적이 되었다. 마지막으로 괴팅겐Göttingen에서 수년 동안 복역한 뒤 베를린으로 거처를 옮겼다. 베른트는 경찰에 알려진 인물이기 때문에 '보호관찰'을 받고 있었다. 즉, 공무원들이 정기적으로 그를 방문하고 생활환경을 검사한다는 뜻이었다. 게다가 그는 위험인물로 지정되어 있었기 때문에, 아이들과 청소년들을 멀리해야 한다는 점은 명확했다. 하지만 문제는 베른트가 어린 시절 뇌 손상으로 인한 정신적 장애가 있다는 사실이었다. 의사의 공식 증명서에는 '지적장애'라고 표현되어 있었다. 그는 사안의 복잡한 관계를 파악하지 못했고, 경찰과의 대화 내용을 이해하는 데도 자주 애를 먹었다. 그가 당국과의 소통도 버거워하고 점점 더 자신의 집에 방치되는 바람에, 시에서 담당자를 배정했다.

그런데 베른트가 잘하는 게 하나 있었으니, 창문에 대고 음악을 크게 틀어두고 아이들과 수다를 떠는 것이었다. 그는 꾸준히 그렇게 했다. 그 지역에서는 이 치아 밑동이 검은 대머리 남자가 어떤 전적을 쌓았는지, 그리고 뭘 잘하는지 널리 알려져 있었다. 그는 미성년 희생자들에게 폭력을 가해 성행위를 하도록 강요한 적은 없지만, 다른 방법을 통해 아이들과 청소년이 순응하게 만들었다. 그는 아이들에게 돈이나 술, 담배를 주거나 게임을 하게 해주는 등의 방법을 썼다. 가끔은 그들과 함께 포르노를 보기도 했다. 그러고 난 뒤 옷을 벗고 자위를 하며, 소년들의 의사에 반해 그들을 만졌다. 몇몇 아이들은 이러한 일을 겪고도 수

치심 때문에 아무에게도 털어놓지 못했다. 그것은 놀라운 일이 아니다. 나는 일부 형사재판에서 가해자들이 어떻게 피해자를 '선택'하고 그들에게 다가가는지, 이들을 무엇으로 유혹하고, 그 다음에는 어떻게 입을 닫게 만드는지 지켜봤다. 베른트 역시 이 쪽으로는 타고난 것 같았다. 그리고 이 외진 지역에는 집에 가는 것보다 더러운 아동 성추행범의 너저분한 집에서라도 노는 게 좋은 10대들이 많았던 모양이다. 나중에 한 기자는 르포를 통해 이 집이 '이 지역에 없는 청소년문화센터를 대체'하는 장소였다고 냉소적으로 꼬집었다.

이웃들이 그 사실을 전혀 모르고 있었던 것은 아니다. 때때로 1층에 있는 그의 집에서 미성년자들과 시끄러운 '파티'가 열리면 신고가 들어오고 경찰이 투입된 적도 있었다. 베른트는 손님이 집으로 오는 날이면 가끔 안쪽에서 문을 잠그고 블라인드를 내렸다. 그래서 그는 베를린에서도 아이들을 성추행한다는 의심을 여러 번 받았다. 하지만 두 번의 형사소송은 결과 없이 끝났다. 한 번은 어린 증인들이 자신의 진술을 법정에서 반복할 준비가 되어 있지 않았고, 다른 한 번은 모순적으로 진술하였다. 반면, 베른트는 단 한 가지의 방어 전략만을 고수했다. 그는 항상 모든 것을 부인했다. 그때까지는 상황을 그렇게 피해왔다.

9월 1일 어느 목요일 오후, 베른트는 다시 한번 문을 잠그고 창문 블라인드를 내렸다. 다비드가 갑작스럽게 방문한 날이었다. 그 둘은 서로 알던 사이였다. 다비드는 친구들과 함께 여러 번 이 집에 '놀러' 왔고, 한 번은 혼자 온 적도 있었다. 하지만 이번 방문은 베른트가 기대했던 것과는 다르게 흘러갔다. 싸움이 벌어졌다. 다비드는 분노에 차 있었고, 그것도 매우 큰 분노에 차 있었다. 그는 부엌에서 닥치는 대로 칼을 집어들었다. 그는 베른트의 목과 배를 찌르려고 두 번 시도했지만, 무작위로 잡은 무기는 둔하고 불안정해서 적절치 않았다. 그는 눈으로 간이 주방을 훑었다. 더 크고 두꺼운 다른 칼이 보였다. 그는 그것을 들었다.

"주요 소견은 오른쪽 쇄골 안쪽 3분의 1 지점 바로 아래, 발바닥으로부터 125cm 높이의 위치에 비스듬하게 생긴 길이 2cm가량, 폭 0.5cm로 벌어진 피부 절단이다. 이는 안쪽 흉곽에서 소식자로 측정 가능하다. (1번 자창) 상처의 가장자리는 마르기 시작하면서 매끄럽게 경계를 짓는 것으로 보이고, 위쪽 상처의 각도는 마르는 정도로 판단하면 뾰족한 모양을 하고 있으며, 아래쪽 상처 각도는 오히려 뭉툭한 모습을 보인다. 표피에서 비빔소리 crepitus(피하조직 같은 곳에 공기가 들어갔을 때 나는 특유의 소리 혹은 이를 만졌을 때 느껴지는 감각–옮긴이)는 감지되지 않는다."

다음 날 부검 감정서에 기록했던 내용이다. 베른트는 흉부에 깊이 약 5센티미터의 자창을 입었다. 폐가 손상되었고, 긴장성기흉의 위험이 있었다. 하지만 이 첫 번째 공격은 치명적이지는 않았다. 그는 공격을 받고 도망쳤다. 거실을 지나, 창문 쪽으로 가서 블라인드까지 갔다. 다비드는 그 뒤를 쫓았다. 그가 베른트를 두 번째로 찔렀을 때, 베른트는 그에게 등을 보인 상태였다.

> "2번 자창은 좌폐하엽 상구역에서 끝난다. 이곳에서 두 개의 매끈한 절단면이 관찰되며 각각 길이는 약 1cm이고 주변이 푸르스름하게 변색되어 있다. 위쪽 상처는 폐 조직에 5cm 깊이로 들어와 있고, 아래쪽 상처가 폐 조직에 들어와 있는 깊이는 1cm에 불과하다. 게다가 하행대동맥에서도 마찬가지로 가장자리가 매끈하고 주변부가 강한 청적색으로 변색된 약 0.5cm 길이의 손상이 발견되었으며 이는 구조상, 해부학상 2번 자창으로 분류된다. 2번 자창의 총 길이는 7cm이다."

깊은 자창을 입었지만, 베른트는 아직 살아 있었고 살려달라고 애원하며 도망쳤다. 그는 자신의 행위를 정당화하려고까지 했다. "너도 하고 싶어 했잖아." 하지만 다비드는 멈추지 않고 한 번 더 공격함으로써 자신이 벌인 일을 마무리 지으려고 했다. 그는 베른트를 다시 한번 찔렀다.

"3번 자창은 7번과 8번 갈비뼈 사이 왼쪽 견갑골 아래 안쪽 가장자리, 흉강을 파고들었다. (…) 이 상처는 좌폐하엽 하구역에서 끝나며, 여기에는 약 1cm 길이의, 가장자리가 매끈한 손상이 확인된다. 3번 자창은 폐 조직에 5cm의 손상을 입혔으며, 총 길이는 7cm이다."

결국 베른트는 닫혀 있던 1층 창문 쪽으로 뛰어내렸다. 아니면 쓰러졌던 걸까? 어느 쪽이든 온몸에 유리 파편이 튀었을 것이다. 시신의 팔과 다리에 생긴 작은 베인 상처들이 그가 창문 쪽으로 쓰러졌음을 증명했다. 남성은 사망한 채로 집 앞의 다듬어지지 않은 잔디밭 위에 쓰러져 이슬비를 맞았다. 다비드는 칼을 떨어뜨리고 집 밖으로 나갔다. 도망가거나 자신이 한 일을 숨기려는 시도는 하지 않았다. 대신, 그는 계단을 따라 올라갔다. 그로부터 30분 뒤에 경찰이 그를 찾을 때까지, 손과 옷이 완전히 피로 물든 채로 그곳에 있었다. 마침내 경찰관이 그를 찾았을 때, 그가 뱉은 첫마디는 이랬다. "제가 그랬어요. 저는 이제 잡혀가나요?"

초저녁에 현장에 도착했을 때, 사망자는 들것에 실린 채로 집 앞에 누워 있었다. 검시를 위해 사망자를 계단실로 옮겼다. 그가 칼에 찔렸다는 사실은 분명했으므로, 부검 일정은 다음 날 아침으로 잡혔다. 용의자로 잡힌 소년 역시 잠시 뒤 유치장에서 자세히 살펴보았다. 다비드의 오른쪽 검지에서 생긴 지 얼마 되지 않은 베인 상처를 발견했다. "칼에 베인 거예요." 그는 숨기지 않고 내게 설명했다. 흔히 볼 수 있는 상처였다. 무언가를 세게 찌르면, 칼자루에서 손이 미끄러져 칼날에 손을 베일 위험이 있다.

법의학적인 관점에서 이 사건은 전혀 어려운 일이 아니었다. 우리는 평소와 같이 찔린 상처를 살펴보기 위해 피하지방조직, 근육조직, 골격구조가 층층이 보이도록 준비했다. 손상된 장기는 파란색 접시 위에 놓고, 범죄수사국 기술팀 동료들은 정확하고 선명한 사진을 찍고, 맥관은 본래 위치에 놓는다. 즉, 신체 내에서 원래 자리하고 있던 곳에 놓고 정확히 무엇이 손상되었는지 확인하고 난 뒤에야 꺼낸다. 모든 발견은 정확히 측정되고 기록된다. 부검을 마치고 나니 의심의 여지가 없었다. 칼로 두 번째 찔렸을 때 생긴 자창으로, 엄지손가락 굵기의 대동맥이 손상을 입었다. 심장에서 나와 아치 모양을 이루며 흉부와 복부를 지나 다리까지 이어지는 동맥이었다. 사인은 내부출혈이었다. 우리는 왼쪽 흉강에서 약 1.5리터의 혈액을 발견했다. 게다가 폐는 두 번 찔린 뒤 위축되어 있었다. 어떤 응급 의사도 세 번의 공격을 당한 베른트의 생명을 구할 수는 없었을 것이라는 게 나의 결론이었다. 첫 번째로 찔리고 난 직후에는 어쩌면 구할 수 있었을지도 모르겠다.

부검을 통해 확인할 수 있었던 사실은 사망자가 숨을 거두기까지 어느 정도 시간이 걸렸다는 것이다. 범행 직후 잡힌 소년도 이를 반박하지 않았다. 다비드는 자신의 행동을 멈추고 도움을 구하러 갈 수 있었다. 하지만 그렇게 하지 않았기 때문에 검찰은 '살인'을 주장했다. 과연 이 사건의 모든 책임을 이 15세 소년에게만 물을 수 있을까? 그를 복수심에 불타 스스로 정의를 구현하려고 했던 냉혈한으로만 볼 수 있을까? 그가 이토록 분노하기 전에, 무슨 일이 있었던 걸까?

소셜미디어의 많은 댓글은 그를 영웅이라 불렀고 축하했다. 사람들은 다비드가 유명한 아동성추행범을 쓰러뜨리고, 자신을 괴롭히는 자에게 맞선 용감한 희생자라고 했다. 하지만 다비드는 자신에게 부여하는 그런 이름을 전혀 원하지 않는 것처럼 보였다. 그는 자기 비난과 회의감으로 괴로워했다. 의사로서 잠깐 다비드를 만났을 때, 이 소년은 불안하고 초조하고 당시의 상황에 압도된 것처럼 보였다. 그는 자신이 무슨 일을 저지른 것인지 완전히 이해하지 못했고, 그저 모든 일이 지나가기만을 바라는 무력한 소년이었다.

언론의 큰 관심을 받으며 진행된 재판 과정에서 당혹스러운 세부 사항들이 점점 더 드러났다. 다비드도 마침내 지난 7월, 베른트의 집에서 무슨 일이 일어난 것인지 입을 열었다. 그 당시에, 심지어 성폭력이 있었던 직후에 그 집을 방문했던 목격자가 신고를 했다. 하지만 다비드는 경찰 조사에서 베른트는 기껏해야 남자아이들의 무릎에 손을 얹으려고 시도했고, 그런 접근을 피하는 방법쯤은 알고 있다고 이야기함으로써 실제 일어났던 일을 숨기고 별일이 없었다고 진술했다. 무엇보다도 스스로를 지키기 위한 주장이었다. 베른트가 사망하고 재판 과정에서 밝혀진 바에 따르면, 여름에 그 집에서 일어났던 일은 별일이 없었다는 당시 다비드의 진술과는 거리가 멀었다. 다비드는 베른트가 저질렀던 일에 대해서는 비공개로만 밝혔다. 심리는 방청 없이 비공개로 진행되었다.

다비드는 어두운 방에서 발생한 사건 이후, 그날의 모든 기억을 억누르고 자신의 머릿속 어두운 구석으로 밀어 넣었음이 분명하다. 그러던 어느 가을날, 베른트가 사망한 그날, 애써 구겨 넣었던 기억이 갑자기 떠올랐다. 베른트를 마주쳤기 때문이다. 다비드는 버스를 타고 학교에서 집으로 돌아가던 길이었다. 창밖을 바라보고 있는데, 길 건너편에서 부스스한 행색의 베른트가 슈퍼마켓에서 장바구니를 들고 나오는 모습이 눈에 들어왔다. 그 순간 마치 버튼을 누른 것처럼 억눌렸던 기억이 생생하게 되살아났다. 저 사람은 그런 일을 저지르고도 어떻게 거리를 활보할 수 있지? 어째서 계속 남자아이들을 건드리도록 두는 거야? 왜 아무도 그에게 책임을 묻지 않지? 다비드는 곧바로 다음 정류장에서 내려 베른트를 쫓아갔다.

법의학자로서 성폭력 재판을 접할 때가 종종 있지만, 이는 무척 피하고 싶은 사건이다. 이번 사건처럼 가해자가 사망한 상태로 시신 보관실에 누워 있는 경우는 드물기 때문이다. 그보다는 대부분 살아서 피고인석에 앉아 있는 경우가 많다. 그리고 그 옆에는 법치국가 안에서 허용되는 모든 수단을 동원해 자신의 고객이 받을 형량을 낮추려는 변호사가 앉아 있다.

한번은 수년간 소년들을 성추행한 것으로 알려진 재정상담가 사건을 담당한 적이 있다. 그의 주변으로는 다수의 가해자가 모여들었다. 심지어 이 남성들은 방해받지 않고 추행을 저지를 수 있도록 아파트를 빌리기까지 했다. 이때도 의도적으로 특정 환경의 아이들을 노리고 그들에게 접근했으며 돈과 보상, 협박을 섞어 상대를 주눅 들게 하고 침묵하게 만들었다. 그중 한 가해자는 자신의 죄를 인정하고 높은 형량을 받은 뒤 재판을 끝냈다. 하지만 이 재정상담가는 많은 돈과 영리한 변호사만 있다면 재판을 무기한으로 끌 수 있고, 결국 유죄판결을 면할 수 있다고 생각했던 모양이다. 피고의 혐의가 무겁다는 사실이 명백함에도, 높은 형량과 보호감호가 예상되는데도 불구하고 협상일은 무려 100일이 넘어갔다. 그리고 판결을 목전에 둔 시점에, 피고는 몸이 아프기로 한다. 대체 어디가 아팠던 걸까? 등? 무릎? 고혈압? 가해자는 자신이 만성적으로 중증질환을 앓고 있다고 했다. 말하자면 독일 사법부에 의해 건강이 악화된 피해자가 되기로 했다. 법원은 물론 이러한 주장에 반응을 보여야 했다. 이 부분에서 법은 여지를 남겨두지 않는다. 그런데 많은 의학 전문가들이 감정을 거부했다. 내가 나설 차례가 되었다.

이 사건은 오래전 일이고, 당시 나는 젊은 보조 의사였지만 응급구조사로 경험을 쌓은 상태였다. 나는 필요하다면 거칠고 단호하게 대응할 줄 아는 사람이다. 재정상담가와 그의 변호사에게 잔꾀가 통하지 않는다는 사실을 일찍이 일러두었다. 그리고 나의 직업적 능력을 의심하는 것에 대해서도 경고했다.

"일단 박사 학위 포함, 6년 동안 의대에 다니고 오신 뒤 그때 한번 동등한 자격으로 의학적 사안에 관해 이야기 나눠보죠. 그전까지는 제가 그렇다면 그런 겁니다, 아시겠어요?"

법정에서는 계속해서 나를 소환하고, 피고인은 확실히 앓고 있기는 하지만 급성도 아니고 그의 행동을 크게 제약하지도 않는 만성질환을 거론했다. 그는 담낭 통증을 호소하며 몸을 구부리거나 휠체어를 타고 법정에 출석했다. 자신에게 처방된 모든 약제를 한꺼번에 복용하기도 했다. 그럼에도 나는 그를 검사한 후, 부분적으로 심리 가능한 상태라고 결론지을 수 있었다. 한번은 법원에서 그의 장기에 문제가 없다는 사실을 다른 의사들을 통해서도 확인할 수 있도록 구급차에 태워서 병원으로 보낸 적도 있다. 그는 화가 나서 구급차 들것 위에 오줌을 쌌다.

소송 결과만 보면, 이 모든 연막작전은 그저 그가 감옥에 들어가는 날짜만 늦출 뿐이었다. 이 남성은 감옥의 동기들을 마주할 일이 거의 없는 미결구금 상태로 차라리 더 오래 있기를 원했다. 교도소에 수용된 사람들이 유죄판결을 받은 아동성추행범을 친절하게 대하는 경우는 거의 없고, 그 또한 그 사실을 잘 알았기 때문이다.

하지만 그의 야단법석은 어느 날 갑자기 끝나버렸다. 부유했던 피고인의 통장 잔고가 바닥이 났기 때문이다. 이제는 누구도 그의 재판을 지연시키는 데 관심이 없었다. 당시의 나는, 어쩌면 그때의 나는 조금 순진했기 때문에 수십 년 동안 아이들에게 체계적으로 몹쓸 짓을 해온 사람이 거짓말을 하고 판결을 지연시키도록 그냥 둔다는 사실이 꽤 충격으로 다가왔다. 그리고 교활한 변호인, 심리학자, 의사들은 재판을 지연시킬 목적으로 모든 감정인이 가진 재량권을 한쪽으로만 이용해 답변서, 보고서, 감정서, 반박서를 작성하기도 한다. 그렇게 함으로써 돈을 벌기 때문일까? 정말 부끄러운 일이다. 재판이 이런 식으로 불필요하게 지연된다는 자체가 희생자들을 우롱하는 일이다. 만약 내가 그런 식으로 감정서를 제출했다면, 아침마다 거울 속의 내 얼굴을 쳐다볼 수 없었을 것이다.

당시 사건에서 나는 다행히도 미성년자 증인의 신문이 끝난 뒤에야 재판에 합류하게 됐다. 하지만 다른 아동 성폭력 사건에서는 감정을 제출하기 위해, 특정 상해 패턴이 해당 범행과 일치하는지 확인하기 위해 경찰과 함께 영상 자료를 시청해야 할 때도 있다. 그런 영상과 그 안에 담긴 고통을 본다는 게 어떤 기분인지 말로 표현하기 힘들다. 범죄자들을 잡기 위해 그 일을 매일 하는 수사관들에게 경의를 표한다.

가해자에 대한 개인적인 혐오감과 희생자에 대한 연민에도 불구하고, 법정에서 나의 소임을 다하려면 프로의 자세를 유지해야 하며, 가끔은 어려울 때도 있지만 그렇게 하고 있다. 선입견을 품거나 편향적인 태도를 가진 법의학자는 희생자에게 전혀 도움이 되지 않기 때문이다. 오히려 가해자의 방어 전략에 휘말릴 가능성이 크다. 그리고 가해자들도 판결이 내려지기 전까지는 무죄추정의 원칙을 적용해야 한다.

9월의 어느 하굣길에 우발적으로 칼을 들어 살인을 저지른 15세 소년 다비드의 사건에서 법정은 검찰의 주장을 따르지 않았다. 소년은 미리 계획된 살인인 모살謀殺이 아니라 고의적 살인인 고살故殺로 유죄판결을 받았다. 수개월간 치밀하게 계획한 것이 아니라 순간의 감정에 의해 저지른 범행이라고 판단한 것이다. 부검에서 확인된 여러 부엌칼에 의해 생긴 자창도 그 판결을 뒷받침했다. 성추행이 일어난 여름에, 다비드가 경찰서에서 진실을 진술하지 않았던 일을 누가 비난할 수 있을까?

법원은 3년의 구금형을 선고했다. 이는 범행 당시 15세였던 소년에게는 높은 형량이다. 그럼에도 법원의 결정이 현명했다고 생각한다. 어쩌면 다비드는 그제야 자신을 힘들게 했던 환경에서 벗어날 수 있었을지도 모른다. 어쩌면 수용 시설에서 학업이나 직업교육을 마쳤을 수도 있다. 그가 자신에게 일어났던 일을 극복할 수 있도록 상담 치료를 받았길 바란다. 독일의 법은 청소년들의 재사회화를 위해 많은 지원책을 마련하고 도움을 제공한다. 나는 그가 제도의 혜택을 누릴 수 있기를 진심으로 바란다.

다비드가 새로운 삶을 시작할 수 있었는지, 현재는 어떻게 지내고 있는지에 대해서는 아는 바가 없다. 나는 파일을 통해 가해자와 피해자의 실제 이름을 알고 있지만, 절대 부검실이나 법정 밖에서 그들의 삶을 추적하지 않는다. 그들의 이름을 구글이나 소셜미디어에서 검색하지 않는다. 개인적으로 페이스북이나 인스타그램도 피하고 있다. 어쩌면 이것 또한 나 자신을 보호하기 위함인지도 모른다. 부검을 끝내고, 늦어도 판결이 내려지고 나면 그 사건과 관련된 사람들과 그들의 운명에 관해 생각하지 않으려고 한다. 문서를 서류철에 넣고 덮어버린다. 아니면 브레멘에서 소방대원으로 일하던 할아버지가 항상 하시던 말씀처럼, 저녁마다 재킷과 함께 옷장에 걸어둔다. 그렇게 하지 않으면 그 모든 것을 감당할 수 없을 것이다.

한 가지 덧붙이자면 베른트가 살았던, 그리고 사망했던 집 앞에는 촛불 하나 켜져 있지 않았다. 꽃도, 쪽지도 없었다. 슬픔의 흔적이라고는 찾아볼 수 없었다. 마치 주민 모두가 입을 모아, 이 사람을 그리워하는 사람은 아무도 없다고 말하는 것 같았다.

Chapter 03

의도했거나
의도하지 않았거나

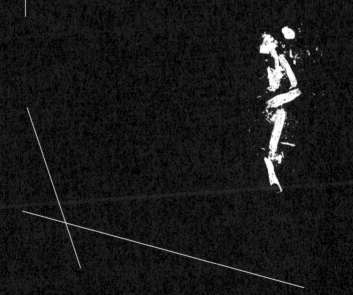

인간의 몸에 있는 체강은 두개강, 흉강, 복강, 이렇게 셋으로 나눌 수 있다. 그중 가슴과 배는 횡격막으로 나뉜다. 총을 쏘거나 흉기를 휘두르는 등의 공격으로 이 체강 중 하나가 '열리게' 되면, 법률상 살인 의도가 있었다고 보는 것이 원칙이다. 법전에 명시적 정의가 있는 것은 아니지만, 독일 법정에서 널리 합의된 내용이다. 이 사실은 수사에도 영향을 미친다. 팔에 총상을 입거나 다리를 흉기에 찔리는 등의 부상일 경우에는 지역 경찰이 나선다. 그러나 폐나 복부, 두개골 부상의 경우는 살인사건 전담팀이 맡는다. 그 경계가 항상 명확히 구분되는 것은 아니지만 '체강의 개방'이 결정적 키워드가 되는 건 분명하다. 또한, 공격을 당한 사람이 사망하는 경우에는 모살죄나 고살죄에 해당하기 때문에 그만큼 형량이 높아진다. 반면 체강이 개방되지 않은 경우는 대부분 상해치사죄를 판결받고, 형량이 훨씬 낮아진다.

그렇다면 범인이 피해자를 살해할 의도를 가졌음에도, 의도적으로 체강을 피해 찌른다면 어떻게 될까? 억지로 끼워 맞추는 것처럼 들릴 수 있지만, 범죄가 자주 발생하는 지역에서 빈번히 발생하는 일이다. 그러한 환경에서는 체강의 개방과 관련한 지식은 말하자면 일종의 상식에 속한다. 그곳에서는 이런 말들이 오갈 것이다. "다리 안쪽을 깊숙이 찌르는 게 나아. 그러면 만에 하나 잡히더라도 감옥에서 오래 썩을 필요 없어."

물론 부검을 하면 이러한 의도가 어느 정도 드러난다. 지도 학생 중 한 명이었던 미코 골렘비에브스키 박사Dr. Miko Golembiewski의 학위 논문[1]을 보면 이 내용과 관련한 수치를 확인할 수 있다. 그는 2005년부터 2015년 사이 흉기에 의한 공격을 받은 피해자 중 얼마나 많은 이들이 부검대에 오르는지를 면밀하게 조사했다. 대다수가 칼에 찔려 치명상을 입었고 높은 비율의 피해자가 가슴과 목의 자창으로 사망했지만, 7퍼센트에 이르는 사망자는 팔, 다리, 또는 서혜부의 상처가 사망 원인이었던 것으로 드러났다. 다만 모두가 살인사건의 피해자는 아니었고, 자살도 포함된 수치였다.

나는 단순히 부검뿐만 아니라 나의 의학적 소견을 판사, 검사, 변호사, 그리고 의사들에게도 알리고 대중과 지식을 공유하는 것이 법의학자의 중요한 역할 중 하나라고 생각한다. 법의학자가 아니라면 누가 이러한 문제를 제기하겠는가? 우리는 이런 문제를 연구하고, 이와 관련한 사망 사건을 자세히 분석하고, 이 주제에 관해 논문을 쓰고 발표하는 사람들이다. 그렇게 해서 사법부와 응급 의료 분야에 변화를 가져올 수 있다면 가장 이상적일 것이다.

예를 들어 머리를 발로 차는 행위는 법적으로 수십 년 전과는 다르게 해석된다. 과거에는 판사들이 머리를 발로 차는 것이 목숨을 위협하는 행동까지는 아니라고 판단하는 경우가 자주 있었다. 이와 같은 법적 해석이 유효했던 긴 기간 동안 많은 피해자들이 발을 사용한 공격 때문에 두개골이 손상되어 사망했다. 그럼에도 그 사실이 판결에 고려되기까지는 시간이 걸렸다. 지금은 어떤 법조인도 머리를 차는 행위가 치명적이지 않은 주먹다짐의 일부라고 생각하지는 않을 것이다.

그러나 팔과 다리의 자창에 대해서는 여전히 사법부가 의학계나 경찰의 의견과는 다른 판단을 내리는 경우가 종종 있다. 살해 의도를 판단할 때 체강의 개방 여부에만 초점을 맞추는 것은 현실과 맞지 않는다. 상대를 살해할 의도로 흉기를 휘둘렀다면, 사지를 찌르는 것만으로 그 목적을 이룰 수도 있기 때문이다. 다음의 사건은 이러한 사실을 알리기 위해 선택했다.

7월 말의 어느 일요일 오후, 두 명의 마약상이 한 남성을 응징하기로 마음먹는다. 이들은 몇 주 전에 그 남성에게 수백 유로에 달하는 대마초를 전달했고 원래대로라면 그는 대마초를 팔고 구매 비용을 지급해야 했다. 그런데 수차례의 '요청'에도 불구하고 이 29세 남성은 빚을 갚지 않았다. 그래서 이 둘은 그를 겁주고 벌하기로 한 것이다. 화가 난 이들은 그 남성을 베를린의 유명한 마약 거래 장소인 한 공원으로 불렀다.

그들은 일부러 낡은 아우디 차량 한 대를 빌렸고, 그 남성에게 타라고 명령했다. "빨리! 당장 뒷좌석에 타!" 그들은 함께 도시 중심부를 떠나 달렸다. 차 뒷문은 어린이 보호 설정으로 잠긴 상태였다. 아마 차를 타고 가는 길에서부터 남성은 협박을 당하고 따귀를 맞았던 것 같다. "한번 잘 보라고, 우리가 널 어떻게 할 건지!" 차량은 숲에 다다라서야 멈췄다. "내려!" 두 마약상 중한 사람이 말했다. 하지만 협박받은 남성은 내리려 하지 않았고, 그 자리에서 드잡이가 이어졌다. 결국 피해자와 함께 뒷좌석에 앉아 있던 마약상이 20센티미터 정도 되는 칼을 꺼내 피해자의 오른쪽 서혜부를 찔렀다. 어쩌면 찌른 상태에서 비틀었을 수도 있고 피해자가 그 순간에 움직였을 수도 있다. 어느 쪽이든, 그 움직임으로 인해 이후 상처의 가장자리에서 이른바 '제비 꼬리'

라고 불리는 톱니 모양이 나타난다. 이것은 찌른 순간 어떤 식으로든 움직임이 있었다는 근거이다. 칼에 찔린 피해자는 차에서 내려 도망치지만, 몇 미터 가지 못하고 숲길 근처에 쓰러지고 말았다.

범행자와 운전자는 피해자가 치명상을 입었다는 사실을 알고 있었을까? 그 마약상은 의도적으로 상대의 체강, 즉 복부나 상체를 피해 찔렀던 걸까? 둘은 피해자가 숲에서 목숨을 잃을 거란 사실을 알고 있었을까? 사람의 팔과 다리 동맥은 손가락 두께 정도의 굵기로 정확한 지점을 깊게 찔리거나 베이면 심장이 뛰는 박자에 맞춰 높은 압력으로 피가 분출된다. 마치 일정한 박자에 맞춰 완전히 열렸다가 다시 닫히고, 열렸다가 다시 닫히는 수도꼭지와 같다.

그렇게 맥이 뛰는 상처가 생기면 출혈로 사망하기까지 얼마나 시간이 걸릴까? 이를 간단하게 계산해 볼 수 있다. 인간의 몸에서 순환하는 혈액량은 체중의 8퍼센트 정도를 차지한다. 나의 경우에는 계산이 간단하다. 내 몸무게가 100킬로그램 정도이므로, 내 몸에는 거의 8리터의 혈액이 있다는 뜻이다. 이 중 삼분의 일이 손실되면, 즉 나의 경우 2.6리터 정도의 피를 잃으면 쇼크가 발생한다. 쇼크란 신체가 필요로 하는 산소량과 산소 공급 사이의 불균형을 의미한다. 산소가 풍부한 혈액이 동맥에 충분히 흐르지 않으면 환자는 일단 매우 창백해지고, 심장은 더 빨라지며 혈압은 낮아진다. 신체가 머리, 가슴, 배에서 생명 유지에 필요한 장기로 피를 보내는 데 집중하기 때문이다. 쇼크 상태에 빠진 사람은 출혈을 즉시 멈추고, 산소를 투입하고, 다리를 들어 올림으로써 사지에서 몸통과 머리로 피를 보내는 등의 방식으로 치료할 수 있다.

하지만 이 방법은 건강한 사람에게만 적용 가능하다. 신체의 보상작용(생체 기관 일부에 장애가 생겼을 때, 나머지 부분이 부족한 부분을 보충하거나 다른 기관이 기능을 대신하는 일 – 옮긴이) 능력은 나이에 따라 큰 차이가 있기 때문에 심장질환이 있는 90세 노인은 출혈로 25퍼센트 정도의 피를 잃기만 해도 살아남지 못할 수 있다. 심한 출혈은 빠르고 효과적으로 처치를 해야 한다. 그렇지 않으면 환자가 매우 짧은 시간 안에 사망할 수 있다. 불과 수분 안에 사망하는 경우도 있다.

요즘의 구급대원들은 그러한 상황에 대비하고 있으며, 출혈이 심한 부위를 묶을 수 있는 장치를 휴대하고 있다. 최근 몇 년 동안 전 세계적으로 발생한 테러 때문이기도 하다. 예전에는 그렇게 하면 '팔이 마비'된다는 경고가 있었지만 현재는 다른 의학적 접근 방식을 적용한다. '사지보다는 생명을 구하는 게 우선Life before limb'이 지금의 원칙이다. 생명이 팔다리보다 먼저이다. 폭탄 테러 혹은 총기 난사로 큰 상처를 입은 피해자가 출혈로 사망한다면, 그에게 팔다리는 더 이상 소용이 없다. 그래서 구급대, 경찰, 특수부대에서는 군 의학 및 전쟁 의학을 고려한다. 벨트와 압박붕대가 합쳐져 만들어진 '지혈대'의 도입도 그에 포함된다. 지난 몇 년간 지혈대는 민간 구급대원에게 널리 보급되었다. 지혈대로는 상처 부위를 세게 꽉 조이는 것이 가능하다. 부상당한 이는 너무나도 고통스럽겠지만, 생명을 위협받는 상황에서는 그의 목숨을 구할 수도 있다.

사건이 발생했던 일요일 저녁, 가해자들이 생각하지 못하고 지나친 사실이 있었다. 피해자가 쓰러져 있던 조용한 숲길과 맞닿아 있던 곳은 공교롭게도 작은 신축 주택단지의 시작 지점이었다. 그 단지에 살고 있던 한 남성이 막 조깅을 하고 집에 들어오던 참에 중상을 입고 쓰러져 있던 피해자를 발견했다. 그가 피해자를 발견했을 때까지만 해도 피해자는 살아 있었고, 남성은 재빨리 구급차를 불렀다. 나중에 그 단지에 살던 다른 이웃들도 여러 남성들이 시끄럽게 싸우는 소리를 들었고, 헛바퀴를 돌려 현장에서 달아나는 낯선 차를 보고 놀랐다고 증언했다. 그러나 잠시 뒤 응급 의사가 도착했을 때는 이미 손쓸 수가 없는 상황이었다. 피해자는 과다출혈로 사망하고 말았다. 구조헬기는 현장을 다시 떠났고, 남성은 숲에 쓰러진 그대로 누워 있었다. 이제는 법의학이 파헤쳐야 할 사건이 되었다.

언제나 그렇듯, 우리가 현장에 도착해 숲길에 차를 세우고 시신 쪽으로 다가갔을 때는 다시 고요가 찾아온 상태였다. 아직 남아 있는 투입 인력들은 현장 보존을 위해 흰색 전신 보호복을 착용했다. 텔레비전에서 보는 것과 달리, 법의학자와 형사 그 누구도 사복 차림으로 현장 주변을 돌아다니지는 않는다. 목격자들의 말에 따르면 현장에서 도망친 차에 남자 두 명이 앉아 있었다고 했다. 그때까지는 범인들의 흔적을 전혀 찾지 못했고 범행 동기도 파악하지 못했지만, 대규모 수색이 시작되었다.

그사이 주州 형사국의 포렌식 전문가들이 세세하게 사진을 찍어두었다. 경찰은 벌써 숲 바닥에서 특정 흔적을 찾아 표시해 두었다. 현장을 탐조등으로 밝히기 위해 소방대도 출동해 있었다. 작업을 하기 위해서는 눈이 부실 정도로 밝은 빛이 필요한데 어느새 칠흑 같은 어둠이 깔렸기 때문이다. 그동안의 경험상, 우리가 시신을 옮길 수 있을 때까지 모두 몇 시간 동안 바쁘게 움직일 예정이었다. 당연히 법의학자들은 그 과정을 재촉할 수 없고 증거 확보 작업이 완전히 끝날 때까지 기다려야 한다. 그렇지 않으면 텔레비전 범죄수사물과는 달리, 우리가 단서를 손상시킬 가능성이 있기 때문이다. 현장에 몇 시간 동안 서서 기다리는 것 역시 우리의 일에 포함된다. 거기에 대한 불만은 전혀 없다. 불만은커녕 이 시간을 대화와 관찰에 활용하고 경찰과 소방대원들과의 관계를 돈독히 만드는 데 활용한다. 우리는 서로 협력하고 우호적인 관계를 유지해 지식과 기술을 활용하는 데 의지하고 있다.

다만, 유감스럽게도 7월의 저녁은 무지막지하게 더웠고 습도가 높은 숲에서 작업 중이었던 우리 주변으로는 무수히 많은 모기가 윙윙거리고 있었다. 나는 흰색 보호복 밑에서 심하게 땀을 흘렸고, 불쾌한 작은 악마들 때문에 미칠 지경이었다. 경찰은 사망자의 신분을 확인했다. 다행히 그가 소지하고 있던 지갑에 신분증이 들어 있었다. 청년의 얼굴은 하얀 분필처럼 창백했고, 바지 다리 한쪽과 양말 그리고 신발은 피로 뒤덮여 있었다. 먼저 모든 것에 번호가 매겨졌다. 시신과 사망자의 모든 옷 조각, 주변의 모든 담배꽁초, 바닥의 모든 발자국에 투명 필름이 붙여졌고 사진으로 기록되었다. 수고스러운 작업이지만, 가해자가 남겼을 수도 있는 DNA 흔적을 찾는 데 도움이 된다. 핏자국이 묻은 사망자의 티셔츠는 구급대원이 이미 잘라놓은 상태였다.

모든 사진을 찍고 모든 흔적을 보존한 후, 나는 시신 쪽으로 다가갔다. 그사이 시계는 자정이 넘은 시각을 가리켰고 근무 중인 경찰관들은 언제나처럼 호기심 어린 주의 깊은 눈빛으로 나를 둘러싸고 있었다. 나는 검시를 시작했다. 나중에 적은 현장 검시 보고서의 내용은 다음과 같다.

"두개골은 만졌을 때 부자연스러운 움직임 없이 안정적인 상태. 머리는 얼마 전에 깎은 것으로 보이며, 0.1cm로 측정되는 사망자 본인의 갈색 머리카락으로 덮여 있고 쉽게 뽑히지 않음. 머리카락으로 덮인 뒷머리 주요 부분의 피부에는 흙이 묻어 있으며 눈에 띄는 상처의 흔적은 없음. 얼굴뼈와 코뼈는 만졌을 때 부러진 곳 없이 안정적인 상태, 비강은 열려 있음. 얼굴 피부에는 약간의 흙이 묻어 있고, 마찬가지로 부상의 흔적은 없음. 눈은 크게 떠진 상태, 눈의 색깔은 녹갈색, 동공 너비는 중간이며 양측 동일. (⋯) 입은 열려 있고, 아래턱과 위턱에는 모두 고정된 본인의 치아. 앞니 부분에 흙과 나무껍질이 아주 약간 묻어 있음. 혀는 목구멍 쪽으로 가라앉아 있고, 앞서 이야기한 매우 적은 양의 흙 외에는 기타 이물질의 흔적 없음. 뼈가 있는 흉부는 만졌을 때 압력에 탄성 있게 반응하며, 안정적이고 부자연스럽게 움직이지 않음. 전반적으로 표피에는 상처가 없으며, 복부도 마찬가지이고 복부는 부드러움. 골반뼈가 만져지며 안정적인 상태. 오른쪽 서혜부에는 한쪽으로 갈수록 각을 이루고 있는 약 5cm 길이의 상처가 있으며 약 5cm 폭으로 벌어져 있음. (⋯) 상처는 생식기 방향으로 깊이 측정이 가능하며, 기준을 두고 방향을 따라 측정했을 때 깊이는 최소 8cm. 상처 기저부로는 근육조직이 보이고 만져지며 압력을 가하면 액체 상태의 혈액이 다량 흘러나온다."

종합하면 목을 조르거나 때려서 사망했다는 흔적은 없고,

오른쪽 사타구니 쪽에 큰 상처가 있었다. 칼이 사용되었을 것으로 추정되는 '날카로운 폭력'이 개입된 범죄 사건이라는 점은 이미 현장에서부터 결론을 내릴 수 있었다. 즉, 다른 누군가가 피해자를 찌른 것이다. 칼의 크기와 상태는? 그와 관련한 것은 아직 확실하지 않았지만, 단순히 가위나 편지칼로 찌른 건 아니라는 사실만은 분명했다.

덧붙이자면, 경찰은 현장에서 사망 원인이나 범행에 사용된 흉기와 관련해 상세한 진술을 요구하지 않는다. 그건 너무나 전문가답지 못한 행동이기 때문이다. 우리가 현장에서 어떤 주장을 펼쳤는데 부검을 하고 나서 그 발언을 수정해야 한다면 수사에 전혀 도움되지 않는다. 대신 경찰은 내가 도움이 필요할 때, 예를 들면 시신을 뒤집어 등을 더 자세히 살펴볼 때 손을 내밀어준다. 이 또한 일상적으로 있는 일이다. 남성이 쓰러져 있던 모래가 많은 숲길 바닥은 피로 물들지 않았지만, 그 근처에 있던 덤불 주위에는 많은 부분이 어둡고 축축한 흙으로 덮여 있었다. 아마도 사망자는 그곳에서 쓰러졌을 것이고, 응급 의사들이 소생술을 하기 위해 길 위에 눕혔을 것이다. 이 창백한 사망자가 스스로 목숨을 끊기 위해 자신의 서혜부를 칼로 찔렀을 가능성은 극히 희박해 보였다. 현장에 출동한 검사는 즉각적인 부검을 명령했다.

보통 사망과 부검 사이에는 며칠의 시간이 걸리지만, 살인

사건이 발생했을 때, 예를 들어 가해자가 도주할 우려가 있거나 범행 동기가 아직 발견되지 않았으면 모두 서두르게 된다. 이런 경우 사망 후 몇 시간 안에 부검이 이뤄진다. 이는 시신이 아직 따뜻하다는 것을 의미한다. 그래서 부검 시 외과의사가 된 듯한 느낌이 들기도 한다. 확연히 다른 점이 있다면 부검대 위의 환자는 심장박동과 호흡이 없다. 개인적으로는 그 느낌이 불편하게 다가온다. 마치 살아 있는 사람을 대하는 것 같은, 허위적인 친밀감이 형성되기 때문이다. 냉장 보관된 시신을 부검할 때는 더 큰 거리감이 있다.

경험에 기반을 둔 대략적인 규칙에 따르면, 사람의 신체는 사망 후 두세 시간까지 37도의 신체 온도를 유지하고 이후 한 시간에 약 1도씩 낮아진다. 외부 온도와 사망 당시 입고 있던 옷, 기타 개별적인 환경 요인도 중요한 영향을 미친다. 그래서 법의학에서는 사망 시점을 산출하기 위해 부검 시 직장直腸에서 측정한 체온, 정상인의 체온, 외부 온도의 상관관계와 기타 요소들을 고려한다. 이 방법은 비교적 믿을 만한 방법이지만, 백 퍼센트 정확한 것은 아니다. 예를 들어 사망 당시 죽은 이가 39도의 고열에 시달리고 있었다면, 시작부터 계산이 맞지 않게 된다. 가끔은 표정 근육을 활성화하기 위해 추가로 실시하는 약간의 전기 자극을 이용한 측정 방법이 도움이 될 때도 있다. 외부인은 이를 보고 마치 죽은 이가 눈을 깜빡거린다고 생각하기도 한다. 혹은 안약을 사용해 동공의 변화를 살펴보기도 한다.

숲길에 쓰러져 있던 시신은 사망 후 15시간이 지난 시점, 즉 사망일 다음 날 아침에 부검이 이루어졌고 미온의 상태를 유지하고 있었다. 체온 25도를 유지하는 시신은 어는점보다 약간 더 높은 온도인 시신과는 완전히 다른 느낌을 준다. 우리가 주기적으로 부검하는 시신들은 보관실에서 4도에 맞춰 보관된다. 4도는 부패 속도를 최대한 늦추는 온도이다. 시신이 얼어버리면 조직이 파괴되고, 더 이상 장기를 다룰 수 없게 되므로 온도가 더 낮아서도 안 된다. 게다가 시신은 해동 과정에서 더 빠르게 부패한다. 나는 평소 차가운 시신에 적응되어 있었기 때문에 즉각적인 부검을 할 때 시신의 온도는 그 차이가 확연히 느껴질 수밖에 없다.

창백한 시신의 피부에는 벌써 파리 유충이 자리를 잡기 시작했다. 무더위가 기승을 부리는 여름에는 그 과정이 극도로 빠르게 진행된다. 팔로 머리나 몸을 보호하려는 과정에서 팔뚝을 베이는 등의 자기방어에 의한 상처는 없었다. 사실, 앞에서 공격을 받으면 반사적으로 이와 같은 행동이 나오는 법이다. 일반적으로 팔이 올라가게 된다. 사람들이 죽을 듯한 공포감을 느끼는 상태에서도 공격자의 흉기를 향해 손과 팔을 드는 모습을 본 적이 있을 것이다. 이와 같은 반응은 후반부에 다룰 사건에서 중요한 역할을 한다.

숲길 사건의 사망자에게서는 아무것도 발견되지 않았다. 베인 상처나 찔린 상처와 같이 싸우는 과정에서 나타날 법한 흔적이 전혀 없었다. 이 또한 수사에 중요한 단서를 제공한다. 법의학에서는 우리가 발견하고 보는 것만이 중요한 게 아니라, 우리가 볼 수 없는 것 역시 중요한 의미를 가진다. 이 사건의 모든 정황은 사망자가 갑자기 칼에 찔렸다는 사실을 보여주고 있었다. 피해자는 높은 확률로 서혜부를 찔릴 당시 의식이 있는 상태였을 것이다. 상처 가장자리에 나타난 제비 꼬리 무늬는 공격을 받았을 당시 움직임이 있었다는 증거였다. 어찌 보면 당연한 일이다. 사타구니를 깊숙이 찔린다면, 누구나 고통에 몸부림쳤을 것이다.

살인 범죄로 추정되는 사건에서는 항상 그렇듯, 사망 원인이 분명하다 해도 부검 과정에서 세 군데의 체강만을 확인하지 않는다. 우리는 등, 팔, 다리 또한 절개해 사망자의 근육조직과 뼈를 확인한다. 어떤 흔적도 간과해서는 안 되기 때문이다. 참고로 그 과정에서 어마어마한 양의 피가 쏟아지거나 하지는 않는다. 심장이 뛰지 않는 상태에서는 피가 솟구쳐 나오는 일이 없기 때문이다. 일반적으로 지방조직은 황색, 근육은 적갈색을 띤다. 이 사망자는 아무것도 없었다. 어디에서도 특별한 흔적이 발견되지 않았다. 갈비뼈와 척추가 손상된 흔적도 없었다. 단지 좌심실 심장내막 아래 작은 줄무늬 형태의 붉은 변색이 나타났을 뿐이다. 찾았다! 이것은 소위 출혈로 사망한 경우 나타나는 내부 출혈로, 강한 심장을 가진 건강한 사람이 갑자기 많은 피를 잃게 되었을 때 생긴다. 휘발유가 떨어져 멈춰버리는 모터를 생각하면 된다. 심장은 뛰고 또 뛰는데, 더 이상 운반할 혈액이 없는 상황이다. 이러한 경우 나타나는 전형적인 현상이다. 이것만으로 출혈이 빠르게 진행되는 바람에 사망에 이르렀다고 결론 내리기는 어렵지만, 여러 증거 중 하나가 될 수는 있다. 피해자가 서혜부 동맥에 입은 상처로 빠른 시간 안에 사망에 이르렀다는 사실은 상처 가장자리에서도 확인할 수 있다. 딱지가 앉은 흔적도 없고, 아무것도 없다. 이후에 다룰 발코니의 남성과는 달리, '상처 치유 프로그램'을 발동할 틈조차 없이 사망한 것이다.

부검이 끝나면 장기들은 체강 내의 제 위치로 되돌아가고 시신은 봉합된다. 부검을 진행한 시신이 부검 전보다 결코 나쁜 모습이 아니라는 사실이 위안이 될지도 모르겠다. 치골에서 목까지 이르는 커다란 봉합의 흔적, 그리고 머리 뒤쪽에서 귀와 귀 사이를 잇는 두 번째 흔적만이, 우리가 부검을 위해 체강을 열고 뇌를 포함한 장기를 꺼냈었다는 사실을 보여줄 뿐이다. 장례식에서는 옷깃이 높게 올라오는 셔츠 아래로 봉합선을 숨길 수 있으며, 머리의 봉합선은 대개 머리카락 속에 감추어진다. 그러므로 부검이 진행된 시신도 매장이 이뤄지기 전에 문제없이 관에 안치될 수 있다.

사망 직전까지 매우 건강했던 이 29세 남성의 이야기를 이어가자. 정황은 확실해졌다. 베를린의 거친 마약상 사이에서 일반적으로 발생하는 사건이었다. 몇몇 마약상 사이에 갈등이 생겨 한 사람이 다른 사람을 찔렀고, 찔린 사람은 많은 피를 흘렸으며 불행히도 운이 없었다. 다만, 서혜부 근방을 칼로 찌르는 사건은 항상 의심스럽다. 나는 오래전부터 그것이 우연의 결과라고 생각하지 않았다. 예를 들면 2012년 본에서 일어난 시위에서 한 가해자가 세 명의 경찰관을 칼로 찌른 사건이 발생했다. 그 공격 장면이 비디오에 찍혔는데, 과연 그 '시위자'가 어느 부위를 찔렀을 것 같은가? 복부도, 흉부도, 목도 아닌, 바로 서혜부였다. 당시 경찰들은 헬멧을 착용하고 있었지만, 총격이나 칼에 찔릴 것에 대비해 몸통을 보호할 수 있는 방어복은 착용하지 않았다. 경찰 한 명이 중상을 입었고, 범인은 체포되어 유죄판결을 받았다. 하지만 그의 살인 의도를 입증할 수는 없었다.

고의적으로 서혜부를 찌르는 것은 상완(어깨에서 팔꿈치까지의 부분-옮긴이)이나 대퇴의 동맥을 찌르는 것보다 더 비열하다. 상완이나 대퇴의 상처는 지혈대나 벨트, 혹은 다른 창의적인 방법으로 효과적인 처치가 가능하다. 하지만 피가 심하게 흐르는 사타구니 부근의 상처는 어떤 방법으로 지혈하겠는가? 이 부위의 출혈을 멈추는 것은 거의 불가능하다. 응급처치 방법은 그저 최대한 세게 압박을 가하는 것뿐이다.

얼마 전 베를린의 한 신문에 서혜부에 총상을 입은 환자의 골반 위에 무릎을 꿇고 앉아 있는 체격이 큰 구급대원의 사진이 실렸다. 그는 현장에서 병원으로 가는 길 내내 부상자의 사타구니를 세게 누른 상태로 앉아 상처 부위에 압박을 가했다. 수술실에서는 외과의사가 압박을 이어갔다. 심한 출혈이 생긴 자창을 무릎으로 눌러 특정 지점에 높은 압력을 가하는 것은 무척 효과적인 대처 방법이다.

피해자를 칼로 찔렀던 범인은 사건 바로 다음 날 체포되었다. 범인과 당시 차량을 몰았던 운전자는 얼마 뒤에 피해자에게 입힌 치명상과 관련해 법정에서 판결을 받아야 했다. 그들에게 적용된 기소 혐의는 모살이나 고살이 아닌 상해치사죄였다. 나 또한 그 법정에 감정인으로 참석했다. 피고인은 법정에서 다음과 같이 진술했다. 자신은 29세 피해자를 자동차 뒷좌석에 태워 칼로 겁을 주려 했을 뿐인데, 울퉁불퉁한 숲길을 달리다 보니 몸이 미끄러져서 칼로 피해자의 서혜부를 찌르게 됐다. 이후 패닉 상태에 빠져 피해자를 차 밖으로 끌어내고 도망쳤다.

그리고 그의 주장이 틀렸다는 사실은 증명할 길이 없었다. 이것은 법의학의 힘으로도 어찌할 수 없는 일이다.

Chapter 04

폭격의
한가운데

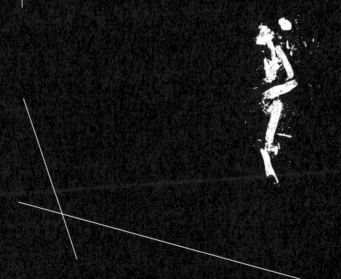

많은 이가 법의학자가 하는 일이 매우 끔찍하리라고 생각한다. 우리는 매일 시신을 검시한다. 그중에는 젊거나 나이 들거나 크거나 작은 이들도 있고, 훼손되거나 심하게 부패해서 알아보기 힘든 시신도 있다. 그럼에도 나는 부검이 부담되거나 힘들지 않다. 내가 무뎌져서 그럴지도 모른다고 생각하는 사람도 있겠지만, 그렇지 않다. 전혀 다른 이유가 있다.

죽은 이들은 이미 죽음을 겪은 이들이기 때문이다. 죽은 이들은 슬픔과 고통으로부터 자유롭다. 그에 비해 살아 있는 우리는 아직 죽음을 앞두고 있다. 그것은 오히려 잔혹한 일일 수 있다. 게다가 죽음을 직간접적으로 목격하고 경험한 이들은 엄청난 고통과 스트레스를 겪는다.

의대생 시절, 나는 준비되지 않은 상태에서 죽음의 순간을 마주한 적이 있다. 때는 한여름이었고 학비를 마련하기 위해 주말마다 구급대원으로 근무하던 시기였다. 함부르크 외곽 지역이었던 그곳에서는 24시간 교대근무가 일반적이었다. 토요일 아침에 출근해서 일요일 아침에 퇴근하는, 즉 낮과 밤 동안 꼬박 대기해야 하는 시스템이었다. 지금은 이 시스템에 비판적인 입장이다. 일단 24시간 동안 깨어 있으면 집중력이 현저히 떨어지고, 약간의 취기가 올라온 상태와 비슷해진다. 구급대원은 위급한 상황이 닥치면 언제라도 출동해 인명을 구조하고, 때에 따라서는 수초 내에 중대한 결정을 내려야 하는 직업이다. 그런 상태로 임무를 수행하기란 가끔은 할 만하고, 가끔은 어렵고, 가끔은 도저히 불가능한 일이다.

특히 지방의 상황은 도시와 매우 다르다. 나는 대도시에서 구급대원으로 활동하면서 우리가 일종의 사회복지 업무를 겸하는 소방대원처럼 느껴지는 상황을 자주 경험하였다. 종종 우리를 필요로 하지 않는 사람들이 전화를 걸었다. 게다가 현장에 2분 이내로 도착하지 않으면 욕을 듣는 경우도 자주 있었다. 싸움도 흔했고, 그건 지금도 마찬가지다. 다행히 나는 체격이 꽤 큰 편이고, 지금까지 스스로를 잘 지켜왔다. 대부분의 싸움은 실랑이에 그쳤지만 구급대원을 상대로 한 폭력 사건들은 최근 대두된 문제가 아니다. 대도시에서는 과도한 음주, 다툼, 패싸움 등의 이유로 112(독일에서는 112가 구급차 또는 소방서에 연락하는 긴급 전화번호이다 – 옮긴이)를 부르는 경우가 드물지 않은데, 그중에는 구급차까지 출동할 필요가 없는 경우도 많았다. 구급차 대신 응급실로 가는 택시 정도면 충분할 것이다. 아니면 집으로 돌아가 취기가 가라앉도록 잠을 자면 됐을 일이다.

하지만 지방이나 시골은 상황이 다르다. 지휘본부에 신고가 들어오면 진짜 무슨 일이 일어났을 확률이 높다. 게다가 현장에 출동하기까지 걸리는 시간이 더 길다. 그래서 아무리 짧게 투입되는 사건이라고 해도 현장에 다녀오면 두 시간은 족히 걸린다. 어딘가에 출동해서 응급 의사가 탄 차량이 도착하기까지 30분 정도는 혼자서 기다려야 할 수도 있다.

문제의 사건이 발생했던 밤, 나는 니더작센주Niedersachsen의 소도시 근처 구조대에서 근무 중이었다. 그날 함께 대기하던 동료는 이제 막 인명구조 학교를 마치고 병역 대체 근무를 하러 온, 의학 실습 경험이 전혀 없는 청년이었다. 게다가 그는 겨우 스물 언저리였다. 이 사실을 굳이 언급하는 이유는 그날 밤 우리가 겪었던 사건이 전문가조차 소화하기 버거운 일이었기 때문이다. 총 근무시간 중 삼분의 이, 그러니까 하루의 낮과 저녁을 보낼 때까지만 해도 큰 사건은 없었다. 그럼에도 먹거나 마실 시간도 없이 해치워야 할 일은 많았다. 잠시 누워 쉰다는 건 꿈도 꾸지 못할 일이었다. 그 상태에서 밤이 되었고, 우리는 적어도 몇 시간 만큼은 평온하기를 간절히 바랐다.

하지만 어림도 없었다. 우리는 새벽 2시 30분쯤 또 출동해야 했다. 김나지움 Gymnasium(독일의 인문계 중등교육기관으로, 한국의 중고등학교에 해당 – 옮긴이) 졸업파티에서 싸움이 벌어졌다는 신고가 들어왔기 때문이었다. 그다지 심각한 일처럼 들리지는 않았지만, 또 모를 일이었다. 현장에 도착하니 역시나 술에 잔뜩 취한 몇 명의 졸업생만이 앉아 있을 뿐이었다. 그중 한 명이 다른 학생과 치고받고 싸우는 바람에 발이 아프다며 투덜거렸다. 나는 그 상황을 웃어넘길 기분이 아니었다. 그곳의 상황은 구급차를 부를 만큼 긴급하지 않았다. 나는 결국 그 남학생에게 퉁명스러운 목소리로 말했다. "잘 들어, 우린 이제 돌아갈 거야! 지금은 한밤중이니까 내일 아침 일찍 병원을 가든가 해." 좀 거칠었을 수도 있지만, 가끔은 분명하게 말해야 효과가 있는 법이다.

그렇게 차에 타고 출발하려던 참이었다. 갑자기 구급차의 무선통신 너머에서 어수선한 소리가 들려오기 시작했다. 긴박한 가운데 우리가 알아들을 수 있었던 단어는 '교통사고'와 '불명확한 상황'뿐이었다. 그다음 들려온 것은 여러 개의 거리 이름이었다. 분명 심상치 않은 일이 벌어지고 있었다. 그래서 지금 어디서 정확히 무슨 일이 일어났는지 그 누구도 정확한 상황을 알지 못했다. 바로 그때, 구조 지휘본부의 비상경보가 울리기 시작했다. 현장으로 바로 출동하라는 지시였다. 나는 여전히 살짝 짜증이 나 있었고, 엎친 데 덮친 격으로 매우 피곤한 상태였다. 누군가 교통사고로 목덜미가 뻐근하다며 병원에 가야겠다고 버티고 있는 정도의 사건인지도 몰랐다. 그때까지만 해도, 내가 얼마나 큰 착각을 하고 있었는지 전혀 몰랐다.

그사이 시계는 어느덧 4시 30분을 가리키고 있었다. 푸른 어스름의 시간이었다. 아주 어둡지도 않았지만, 그렇다고 밝은 시간도 아니었다. 잔디밭과 들판 위에 약간의 안개가 끼고, 초현실적인 빛이 어른거렸다. 마치 꿈속 풍경을 여행 중이라고 생각할 만한 광경이었다. 사고 현장까지 1~2킬로미터 정도를 앞두고 있던 시점이었다. 마침내 우리는 현장에 도착했다.

나는 나중에서야 사건이 발생하기 전에 있었던 일을 전해 들었다. 처음에는 여러 명의 청년이 그 지역의 클럽에서 파티를 벌이고 있었다고 했다. 어느덧 저녁 시간이 되었고, 그 그룹과 외부에서 온 다른 그룹 사이에 실랑이가 붙었다. 청년들은 상당히 현명하게 대처하였고, 격한 논쟁이나 어쩌면 패싸움으로까지 이어질 수 있었던 상황을 일단 피하기로 했다. 자신들의 즐거운 저녁을 망치고 싶지 않았기 때문이다. 그래서 그들은 다 함께 집으로 가기로 했다. 그 무리에는 살짝 취한 상태였던 19세의 초보 운전자도 끼어 있었다. 그는 차를 타고 클럽에 왔지만, 차를 두고 돌아가는 게 낫겠다고 판단했다. 올바른 결정이었다. 클럽은 상업지구에서 약간 벗어난 곳에 위치하고 있었고, 그들은 시내 쪽으로 걸어서 이동하기 시작했다.

그런데 길을 따라 걷던 청년들을 향해 갑자기 차 한 대가 다가왔다. 조금 전에 시비가 붙었던 사람들이었다. 그들은 차에 앉아 있던 상태로 창문을 열고 초보 운전자를 향해 야유했다. "우리가 클럽 주차장에 세워져 있던 네 차를 찾아 긁어놨지!" 그러고는 빠르게 달려 사라져버렸다. 초보 운전자 청년은 서스펜션이 낮은 골프를 몰 만큼 차에 큰 관심과 애정을 쏟는 사람이었기 때문에, 그 말을 듣고 이성을 잃고 말았다. 그는 가장 친한 친구와 함께 클럽으로 돌아갔다. 그곳에서 잔뜩 화가 난 상태로 운전대를 잡았고, 조수석에 친구를 태우고 속도를 내 자신을 약 올렸던 이들을 뒤쫓았다.

이 두 명을 제외한 나머지 친구들은 계속 시골 도로를 따라 집으로 걷고 있었다. 그런데 그들의 뒤에서 시속 100킬로미터쯤 되는, 지나치게 빠른 속도로 달리는 친구의 차량이 나타났다. 이 친구는 왼쪽으로 살짝 꺾인 곡선 구간에서 차의 통제권을 잃고 말았고, 그곳은 하필 자신의 친구들이 있던 바로 그 지점이었다. 차는 연석에 부딪혔고, 인도 위로 날아가 친구들을 향해 돌진했다. 마치 비극적인 운명의 장난처럼, 그가 몰았던 차는 자신의 17세 여자 친구와 친구의 16세 여자 친구를 덮친 뒤에 나무와 충돌했다. 도로 옆은 살짝 경사가 지고 나무가 우거진 비탈면이었다. 두 소녀는 비탈면 쪽으로 내던져지고 말았다.

물론 사고 현장에 도착했을 때는 이 사실을 알지 못했다. 우리가 현장에 도착하기 직전, 마지막 커브를 돌고 난 뒤 새벽 어스름 속에서 제일 먼저 보았던 것은 낮은 서스펜션의 골프였다. 차체가 완전히 부서진 채로 이차선도로를 가로질러 서 있었다. 그 장면을 본 내 머릿속은 의문으로 가득했다. 왜 차가 저렇게 이상하게 놓여 있지? 게다가 주변에 다른 사고 차량은 없어 보였다. 별다른 이야기가 없었기에, 우리는 두 대의 차량 사고라고 생각하고 있었다. 그 와중에 길에서 몇 미터 떨어진 경사면 쪽에서는 많은 사람들이 나무 사이에 서 있거나, 앉아 있거나, 누워 있거나, 돌아다니고 있었다. 저 사람들은 저곳에서 뭘 하는 거지? 첫눈에는 이 모든 상황이 도무지 이해되지 않았다.

차도와 인도 위에 부서진 자동차 부품들이 널려 있었기에 우리는 사고 차량과 경사면 쪽으로 구급차를 가까이 대지 못하고 있었다. 경찰은 우리가 오기 바로 직전에 도착한 것 같았다. 한 젊은 경관이 우리를 향해 달려오면서 도로 위에 떨어져 있던 사고 차량의 범퍼를 발로 차 옮겼다. 그의 눈은 크게 확장되어 있었고, "빨리 오세요!"라고 소리 지르는 듯 보였다. 그제야 끔찍한 일이 일어났다는 사실을 직감했다. 경찰관이나 소방관이 뛰기 시작한다는 건, 상황이 매우 심각하다는 뜻이다. 시선의 귀퉁이로는 다른 구급차를 몰고 우리보다 몇 분 먼저 도착한 구급대원이 보였다. 그는 경사면 아래 수풀을 정리하는 것처럼 보였다. 그와 함께 출동한 일행 역시도 나이가 어린 대체복무자였는데, 경사면 위쪽 나무들 사이에 나이가 더 많아 보이는 경찰관 옆에 앉아 있었다. 그리고 그 경찰관의 팔에는 의식이 없는 소녀가 들려 있었다. 경찰은 울고 있었다. 나는 그에게로 다가가 말했다. "여기서부터는 저희가 맡겠습니다." 그러고는 소녀를 받아 조심스럽게 숲에 눕혔다. 외관상으로는 큰 상처나 출혈이 없어 보였다. 나는 다친 부위를 알아내기 위해 소녀가 입고 있던 옷을 잘랐다.

내가 경험했던 거의 모든 사건은 기억 깊은 곳에 자리를 잡고 감정을 건드리고 움직이는 사소한 요소들을 남긴다. 나는 분명히 기억한다. 그 소녀는 멋진 옷을 입고 있었다. 아마 그날 저녁에 있을 파티 생각에 들떠 한껏 꾸몄을 것이다. 나는 그런 사실을 최대한 의식하지 않고, 보지 않으려고 애썼다. 제일 먼저 흉부 압박으로 심폐소생술을 시작했다. 그러나 첫 시도부터 그녀의 흉곽 전체가 힘없이 으스러지는 것이 느껴졌다. 그녀의 상체에는 성한 상태의 뼈가 하나도 남아 있지 않았다. 심지어 척추마저도 잡히지 않아 땅에 바싹 붙어 자란 잔디의 촉감이 손바닥에 느껴질 정도였다. 의심의 여지가 없었다. 소녀는 이미 사망했다. 그래도 우리는 멈추지 않았다. 심지어 소녀의 손상된 입을 통해 호흡관을 삽입하는 것까지 해냈다.

이러한 부상 유형을 가리켜 '광범위한 타박상extensive blunt trauma'이라고 한다. 어딘가에 찔리거나 총상을 입은 경우와 달리, 겉으로는 이상을 거의 알아챌 수 없다. 많은 사람이 인간의 피부가 탄력성이 뛰어나다는 사실을 모른다. 그 탄력성 덕분에 인간의 신체는 아주 강한 충돌을 겪은 후에도 기존의 형태를 유지한다. 그래서 울고 있던 경찰(소녀는 그의 품에서 숨을 거둔 모양이었고, 나중에 알게 된 사실이지만 그에게는 소녀와 비슷한 나이대의 딸이 있었다)과 다른 목격자들은 이미 손쓸 수 없는 상황이 되었다는 사실을 알 수 없었을 것이다. 그저 의식을 잃은 정도로만 보였을 것이다. 그에 반해, 우리는 응급처치를 시작한 순간부터 그 소녀를 위해 해줄 것이 없다는 사실을 분명히 알았다. 그럼에도 계속해서 소생술과 삽관을 이어갔다. 구급대원에게는 반드시 따라야 하는 가이드라인이 있다. 응급구조사의 자격으로는 이미 시작한 소생술을 자의로 판단하여 멈추거나 사망선고를 내릴 수 없다. 그것을 할 수 있는 건 의사뿐이다. 하지만 사고 현장에는 응급 의사가 도착하지 않은 상황이었다. 마치 영원처럼 느껴지는 시간을 기다린 후에야 드디어 의사가 도착했고 그가 오고 나서야 우리는 아무 성과 없는 소생술을 마쳤다. 그때까지 소녀는 한순간도 생명의 징후를 보이지 않았다.

지금에 와서야, 나는 당시의 상황을 이해하고 그 사고의 규모를 받아들일 수 있게 되었다. 그때의 느낌은 말로 다 표현할 수 없다. 마치 폭격의 한가운데 놓인 기분이었다. 내 눈에 들어왔던 것은 거의 세계의 종말과도 같은 광경이었다. 패닉 상태에 빠진 십여 명의 학생 중 일부는 취해 있었고, 많은 이들이 히스테릭한 모습을 보이면서 소리를 지르고 서로에게 기대 울고 있었다. 운전자는 약간의 상처를 입었을 뿐이지만, 쇼크 상태에 빠져 있었다. 그는 혼잣말을 중얼거렸으며 내가 부상을 확인하는 동안 초점 없는 눈으로 나를 멍하니 보았다. 사망한 소녀의 남자 친구인 동승자는 이리저리 뛰어다니며 주먹으로 자신의 머리를 연신 내리치고 있었다. 완전히 이성을 잃은 상태였다. 마치 끔찍한 악몽에서 깨고 싶은 것 같았다.

　　우리는 다른 구조팀과 함께 울타리와 수풀 속에서 두 번째 소녀를 구할 수 있었다. 그녀는 듣는 이가 오싹해질 정도로 소리를 질렀다. 좋은 징조였다. 소리를 지르는 이들은 살아 있다. 우리는 그녀를 구급차로 데려갔다. 응급 의사는 그녀를 가장 가까운, 현장에서 약 1킬로미터 정도 떨어진 병원으로 이송하기로 했고 이는 올바른 판단이었다. '최대한의 치료'가 가능한 대학병원을 찾아 먼 길을 이동했더라면 그 학생은 살아남지 못했을 것이다. 그녀는 심각한 내상을 입었고 즉시 응급수술을 받아야 했다.

두 번째 소녀는 살아남았다. 그 작은 병원에는 다행히 훌륭한 구급 외과의사가 있었다. 소녀는 일단 그곳에서 안정을 찾은 뒤, 더 큰 병원으로 옮겨졌다고 한다.

그리고 우리는? 우리는 구조대로 돌아왔고 원칙대로 교대 근무시간을 마쳤다. 구급차를 치우고 청소했고 물건을 정리하고, 이동하고, 집으로 향했다. 이 사건뿐만이 아니라 지금까지 일하며 겪었던 어떤 사건 이후에도 심리치료를 지원받은 적은 없다. 이어서 짧게 서술할 단 하나의 예외적인 경우를 제외한다면 말이다.

지금으로부터 거의 20년 전이었던 어느 여름날 밤, 두 명의 남성이 차를 몰고 가다 자신들의 여자 친구였던 두 명의 학생을 치고, 그중 한 명은 사망에 이르렀던 그날의 사건 현장에서 복귀해 마치 여느 평범한 주말 근무였던 것처럼 일요일 아침에 집으로 돌아갔다. 현관문을 열고 들어가자 여자 친구가 부엌에서 나와 언제나의 말투로 "잘하고 왔어?"라고 물었던 기억이 난다. 나는 그 말을 듣자마자 아무런 대답도 못 한 채 눈물만 흘렸다.

이처럼 거리 위 사고 현장에 투입되는 것과 비교하면, 법의학자의 업무는 마음의 불안을 야기하는 일은 아니다. 수술실과 비슷한 모습의 부검실은 우리가 매일 마주하는 익숙한 풍경이며, 매일 같은 동료와 마주친다. 갑작스럽게 우리를 놀라게 하는 일은 일어나지 않는다. 물론 시신과 그 이면에 담긴 사연은 매번 다르지만, 우리의 대처, 우리가 쓰는 도구와 장비, 조사 방법 등은 항상 같다. 또한 생명을 좌우할 수 있는 시간의 압박이나 선택의 압박을 받지 않고 차분하게 고민할 수 있다. 진실이나 정의의 문제가 걸린 일일 수는 있지만, 사람의 생명이 달린 결정을 내려야 하는 일은 아니다. 사건이나 범죄 현장에서도 우리는 항상 마지막에 등장한다. 유족들을 거실에서 마주하는 일도 드물다. 그들에게 가족의 죽음을 알리는 것은 우리의 역할이 아니다.

그렇다고 해서 법의학자에게 힘든 날이 없다는 말은 아니다. 2016년 12월 19일 월요일이 바로 그런 날이었다. 전화를 받았을 때, 나는 가족들과 함께 피자 레스토랑에 있었다. 베를린 브라이트샤이트 광장Breitscheidplatz에서 테러 공격이 발생했다고 했다. 몇 명의 사망자와 수많은 중상자가 발생했고, 나머지는 불명확한 상황이었다.(크리스마스를 앞두고 열린 크리스마스 마켓에서 대형 트럭이 사람들을 덮친 사건으로 독일에서 일어난 테러 단일 사건 중 가장 많은 사상자를 만든 사건이다-옮긴이) 밤 10시쯤 동료들과 함께 현장으로 달려갔다. 현장 출동 요청을 받은 법의학자는 총 다섯 명이었다. 구급대원의 일은 이미 끝나 있었다. 부상자들은 처치를 받고 병원으로 이송되었고 이제 사망자들을 돌봐야 할 시간이었다.

샤를로텐부르크 궁전Schloss Charlottenburg 방향으로 운전할 때는 나도 불안했다. 무엇이 그곳에서 우리를 기다리고 있는지, 시차를 두고 두 번째 공격이 발생하지는 않을지 누구도 우리에게 말해줄 수 없었다. 아내는 당시 쌍둥이를 임신하고 있었고, 나는 처음으로 아빠가 될 예정이었다. 나는 아이들에게 흑백사진 속의 모습으로만 기억되고 싶지 않았다. 내가 출동하던 순간에 아내도 나와 같은 생각을 하며 물었다. "거기, 안전하긴 한 거야?"

사건 현장은 <u>으스스</u>하고 고요했다. 그 상황 속에는 많은 상징이 담겨 있었다. 테러리스트들은 분명 그런 감이 뛰어난 것 같았다. 우리는 자정 즈음 불이 켜진 카이저빌헬름 기념 교회Kaiser-Wilhelm-Gedächtniskirche 아래, 엉망이 되어버린 크리스마스 마켓 한가운데 서 있었다. 이곳저곳에 산산조각 난 기독교의 상징들, 깨진 천사와 망가진 포인세티아가 보였고, 그 가운데 마치 지옥에서 도망쳐 나온 듯한 시커먼 화물차가 세워져 있었다. 지구의 갈라진 틈 사이에서 무엇인가가 그 트럭을 뱉어내기라도 한 것 같았다. 쥐 죽은 듯한 고요함이 주변을 감쌌다. 게다가 현장은 겨자, 글뤼바인, 구운 아몬드 냄새로 가득했다.

구조 활동에 동원된 모든 이들에게 시신의 수습은 언제나 힘든 순간이다. 그 시신은 얼마 전까지 살아 있던 누군가이고, 우리는 곧 그 사람의 이름을 알게 된다. 우리는 그에게 주소가, 생애가, 유족이 있다는 사실을 알고 있다. 내가 젊은 응급구조사였을 때, 나이 든 응급 의사들이 가끔 했던 말이 떠오른다. "신문으로만 전해 듣는 것이 좋은 일들이 있다." 지금의 나는 그들의 말이 무슨 뜻이었는지 이해한다.

소방관, 응급 의사, 경찰관, 응급구조사로서의 경험은 이 세상의 어떤 부검보다도 정신적 부담과 트라우마가 큰 일이다. 그들은 어떤 광경을 보게 될지, 어떤 상황에 부딪힐지 알 수 없는 상황에서 갑작스럽게 사건 현장에 던져진다. 그럼에도 현장에서는 확실하게 행동하고 정확하게 구조 작업을 해야 한다. "아뇨, 괜찮습니다. 이 일은 하고 싶지 않아요"라고 말할 수 있는 선택지는 없다. 그들이야말로 가장 큰 존경을 받아 마땅하다.

Chapter 05

생일 파티

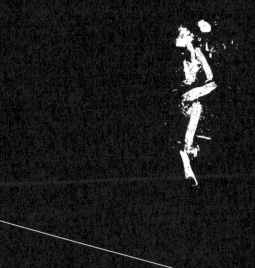

법의학자들은 부검실에서만 근무하는 것이 아니라, 주기적으로 당직을 서야 한다. 즉, 경찰이 호출하면 출동해야 한다. 출동 대기 중이던 법의학자가 사건 현장에 나가면, 부검실에서 대기하는 다른 법의학자는 문의 사항을 담당하고 만일의 사태에 대비해 2인 1조로 실시하는 부검에 바로 들어갈 수 있도록 준비해 둔다. 이는 형사소송법에 규정되어 있다. 흔히 텔레비전에서 방영되는 범죄수사물에서처럼, 기분이 언짢은 염세주의자 법의학자가 창문도 없는 지하에서 시신을 옆에 두고 샌드위치를 먹는 건 말도 안 되는 일이다. 부검은 언제나 팀워크로 이루어진다.

참고로 부검실에는 창문도 있고 햇살도 들어온다.

나는 최근 몇 년간 수차례 현장에 출동했다. 요청을 받고 달려간 곳들은 대부분 비슷한 주거 환경이었다. 금으로 만들어진 수도꼭지가 있는 주택으로 출동한 적은 한 번도 없다. 물론 부유한 사람들도 누군가를 살해하거나 살인사건의 희생자가 되기도 한다. 하지만 그런 일은 드물다. 살인은 불행하고 어두운 환경에서 훨씬 더 자주 발생한다. (법의학자로서 나는 '모살'이라는 표현을 쓰지 않을 것이다. 그 여부는 사법부가 판단할 일이다.) 가끔은 그런 환경이 우리가 누리는 행복의 이면이라는 생각이 든다. 많은 사람이 잘 살 수 있도록 치러야 할 대가 같은 것 말이다. 사회의 가장자리에서는 약물, 알코올, 폭력으로 생사가 나뉘는 일이 끊임없이 발생한다.

베를린에서는 노숙자들 사이의 살인사건이 빈번하게 일어난다. 쉽게 말하면, 술에 취해서 서로를 죽이는 것이다. 대중들은 이런 일을 거의 알지 못한다. 어쩌면 사람들은 지저분하고 자세한 내용까지는 알고 싶지 않을 수도 있다. 신문사에서 이런 일을 자세하게 다루는 경우도 드물다. 그러나 기사 몇 줄 뒤에 숨겨져 있는 이들의 운명은 충격적이다. 노숙자들의 살인사건은 놀라울 만큼 비슷한 모습이다. 무기를 사용하는 경우는 드물고, 대부분은 가해자가 때리고 밟아서 피해자가 사망에 이르게 된다. 그렇게 잔혹하게 살해된 이들은 비슷한 모습을 보이는 경우가 많다. 그럼에도 특히 뇌리에서 지워지지 않는 한 사람이 있다. 발코니에서 발견되었던 남자의 사건이다. 어쩌면 그 사건은 이미 비슷한 사건을 수없이 겪었던 우리에게도 너무도 잔혹하고 처참해서 이토록 기억에 남는지도 모른다.

9월의 어느 주말이었다. 나는 그 주 내내 당직을 섰다. 토요일 새벽 3시쯤에 갑자기 전화벨이 울렸다. 베를린 루도Rudow 지구로 와달라는 경찰의 연락이었다. 원래 그곳은 눈에 잘 띄지 않는 조용한 거주지역이다.

다세대 건물의 지저분하고 단출한 원룸에 한 남성이 살고 있었다. 그 남성은 적어도 집을 가지고 있던 셈이다. 그는 지인들 사이에서도 머리 위에 지붕을 두고 잠잘 수 있는 몇 안 되는 사람 중 하나였을 것이다. 그들은 대개는 술집 앞에서, 공원에서, 혹은 기차역에서 모임을 갖는다. 이 남성은 이틀 전에 지인 세 명을 집으로 초대했다. 그들은 다 함께 모여 그중 한 명의 생일을 축하하려고 했다. 여기까지는 문제될 게 없었다. 적어도 그렇게 들릴 것이다. 하지만 손님 세 명 중 두 명은 여러 번의 폭력과 잔혹범죄 전과가 있는 공격적인 성향의 사람들이었다. 그 둘 중 한 사람은 30대 중반으로 그 생일 파티의 주인공이었고, 다른 한 명은 50대 중반이었다. 마지막 한 명의 손님은 왜소한 체구의 소극적이고 조용한 남성이었다.

파티는 오후에 시작되었고, 파티의 메인 프로그램은 이 남성들이 마셔 없애고자 한 수많은 보드카로 구성되었다. 좋은 분위기는 오래가지 못했다. 혈중알코올농도는 점차 오르고, 자제력은 점차 낮아졌다. 마침내 실랑이가 시작되었다. "그래서 원하는 게 뭐야?" "야, 이리 와. 주둥이 한 대 맞자!" "거기 가만히 있어 봐, 너. 넌 죽었어!" 폭력적인 성향의 손님 둘은 갑자기 이유 없이 파티의 주최자를 때리기 시작했다. 주먹과 발로 무자비한 공격을 가하던 그들은 잠시 뒤, 집주인의 핸드폰 소리에 공격을 멈췄다. 전화를 건 이는 집주인의 지인이었다. 그날의 모임에 참가할 다섯 번째 인물이었으며, 그 또한 노숙자였다. 폭행을 가하던 둘 중 한 명이 전화 너머로 그를 꾀어내 자신들이 모여 있는 원룸으로 오도록 했다. "이쪽으로 와, 여기서 보드카 마시자!"

잠시 뒤 32세의 남성이 문 앞에 도착했다. 때는 늦은 오후였고, 그는 지금까지 원룸 안에서 일어난 모든 일과 무관했다. 그는 그 안에서 벌어진 폭행에 관해서도 당연히 모르고 있었다. 하지만 두 명의 공격자들은 폭력에 취해 있었던 모양이다. 어떠한 사전경고도 없이, 영문도 모르는 새 방문자를 집 안으로 끌어들인 뒤 주먹으로 때리기 시작했다. "이제 네 차례야!" "너도 곧 저기 쟤랑 같은 모습이 될 거야!" 그가 바닥에 쓰러지자, 둘은 그의 머리를 발로 밟았다. 다섯 번째 남자는 몸이 작고 마른 편이었으며 마찬가지로 알코올중독을 앓고 있었다. 따라서 자신을 공격하는 상대를 신체적으로 당해낼 수 없었다. 온몸이 상처투성이가 된 집주인은 그 일이 벌어지는 동안 침대에 앉아 그쪽을 보지 않으려고 했다. 그는 두려움 때문에 잔인한 폭력에 개입하지 않았다. 나머지 한 명도 그저 간헐적으로 두 남성에게 "그만 좀 해"라고 말할 뿐이었다. 하지만 두 남성이 흥분을 가라앉히기까지는 오랜 시간이 걸렸고, 이유 없는 폭행은 거의 45분가량이나 계속되었다. 피해자는 언젠가부터 그저 우는 듯한 신음만 낼 뿐이었다. 하지만 그때까지만 해도 이 남성은 살아 있었다.

무절제한 구타 이후, 가해자들은 슈퍼마켓에 다녀오기로 했다. 술이 다 떨어져 새 술이 필요했다. 이 둘은 집주인과 수동적인 목격자, 중상을 입은 피해자를 협박해 지저분한 3층 원룸에 가두고 열쇠를 챙겨 나갔다. 그러고는 저녁 시간쯤 돌아와서 심각하게 다친 남성을 소파에 두었다. 하지만 그 남성은 어느 시점에 소파와 커피 테이블 사이로 미끄러져 내려왔다. 두 명의 가해자와 집주인, 목격자도 술기운에서 깨기 위해 눈을 붙였다.

다음 날 아침에 깨어난 사람은 다섯 명 중 네 명뿐이었다. 이 네 명은 한 구의 시신과 같은 공간에 있게 되었다. 그때부터 가해자들은 패닉에 빠졌다. 시신을 치워야 했다. 흔적 없이 해치우는 편이 가장 좋았다. 그들이 떠올린 아이디어는 이랬다. 자동차를 빌린 뒤, 시신을 실어 어딘가(어쩌면 폴란드 쪽으로)로 가 유기하거나 묻으면 어떨까? 하지만 렌트 비용은 어디서 구하지?

어디긴, 전당포로 가야지! 어쨌거나 그 원룸에는 모던한 대형 플라스마 텔레비전과 스피커가 있었다. 집주인은 전날 심하게 구타를 당해 눈이 부어오르고 멍이 들었기 때문에 가해자들은 그에게 선글라스를 씌운 뒤 집 밖으로 끌고 나왔다. 하지만 그들의 기대와는 다르게, 텔레비전과 스피커의 가치는 250유로 정도밖에 되지 않았다. 렌트카 보증금으로는 부족한 금액이었다. 새로운 계획이 필요했다. 그 좁은 원룸 안에 죽은 사람을 계속 둘 수는 없었기 때문이다. 파티는 계속되어야 했다. 처음에는 시신을 침대 위로 던졌지만 좋은 모양새가 아니었다. 그래서 한 번 더 술을 사러 나갔다 온 뒤, 죽은 이의 위치를 다시 옮겼다. 그들의 눈에는 작은 발코니가 시신을 놓기에 알맞은 장소처럼 보였던 모양이다. 그곳은 잡동사니로 꽉 차 있었지만, 그 사이에서 공간을 찾아냈다. 발코니에 있던 한 테이블 밑이었다. 그들은 그곳에 시신을 내려놓고 죽은 이의 머리 아래에 쿠션까지 받쳐놓은 뒤, 플리스 담요로 덮어놓았다. 완료.

그 후로 이어진 술판은 금요일 저녁 내내 계속되었다. 하지만 또 술이 동났다. 벌써 24시간이 넘게 극한의 두려움에 떨던 왜소한 체구의 목격자는 자신이 술을 사러 나가겠다고 제안했다. 그는 이 핑계로 두 가해자의 허락을 받고 자정이 넘은 시각에 드디어 그 원룸을 벗어날 수 있었고, 그길로 경찰에 신고했다. 그러고는 술을 사서 다시 범행 장소로 돌아갔다. 이어 토요일 새벽 2시가 조금 안 된 시간에 경찰들이 원룸 앞으로 도착했다. 그곳에는 완전히 취한 네 명의 남성과 함께 사망한 채로 발코니에 있는 다섯 번째 남성이 발견되었다. 정확히 무슨 일이 일어난 것인지는 불분명했다. 네 명의 남성이 모두 체포되었다. 경찰이 나를 깨운 것은 그 이후였다.

이런 경우, 나는 현장에서 받은 인상을 기록하기 위해 보고서를 작성한다. 나중에 피해자의 부상 유형과 범행 장소의 사물을 매칭하거나 이를 통해 사건을 재구성하는 데 도움이 된다. 그 원룸에서 가장 먼저 눈에 띄었던 것은 화장실에 변기 시트가 없었다는 것이다. 거기에는 다른 이유가 있었을 것이고, 어쨌든 이번 사건과는 무관했다. 그럼에도 많은 경우 이렇게 사소한 부분과 부수적인 사항들이 기억에 남는다. 분명한 사실은 그곳에서 치명적인 사건이 발생했다는 것이다. 거실장의 유리는 부서져 있었고, 벽에는 끈적한 핏자국이 묻어 있었다. 누군가가 처음에는 침대에 앉은 상태로 얻어맞다가 나중에는 바닥에 눕혀진 것처럼 보였다. 핏자국의 패턴이 그렇게 읽혔다. 일부는 침대 주변에서 점의 형태를 띠고 있었고, 일부는 느낌표의 형태였다. 몇몇 핏방울은 천장과 거실장 아래쪽까지 튀어 있었다. 그곳에서 육중하고 뭉툭한 형태의 폭력이 사용되었음이 확실했다.

시신이 발견된 장소였던 발코니는 쿠션과 담요와 함께 잘 정리된 것처럼 보여 집 안의 상황과는 극한의 대조를 보였다. 일종의 '언두잉undoing'으로도 보이는 모습이었다. 이는 종종 연인 간의 범죄에서 가해자가 범행을 저지른 뒤 상징적으로 무언가를 복구하려고 시도할 때 확인되는 행위이다. 이와 관련하여 기억나는 사건이 있다.

어떤 남성이 자신의 아내를 램프 전선으로 목을 졸라 살해한 뒤 시신을 안방 침대에 안치해 둔 사건이었다. 심지어 시신의 포개놓은 손에는 꽃까지 들려주었다. 범행 이후 스스로 지붕에서 뛰어내리기 전에 작별 영상까지 찍어두었다. 우리가 범행 장소에 도착했을 때 거실의 텔레비전은 스탠바이 모드로 켜진 상태였고, 화면에는 남성의 모습이 담긴 정지화면이 깜빡거리고 있었다. 영상은 범행 당시 학교에 있던 아이들에게 남긴 것이었다.

쿠션과 이불을 제외하면 구타로 사망한 발코니의 남성은 예상과 일치했다. 얼굴은 심하게 부어 있었고 타박상으로 덮여 있었다. 주목할 만한 사실은 몸통의 피부를 만졌을 때 사각거리는 느낌이 들었다는 점이다. 일명 긴장성기흉tension pneumotho-rax을 가리키는 분명한 근거였으며, 갈비뼈가 부러져 폐를 손상시켰을 가능성을 암시했다.

그사이 해가 밝았다. 이와 같은 사건에서 으레 그러하듯, 당직 검사는 바로 부검을 지시했다. 경찰도 관심을 두고 결과를 기다렸다. (이 사건은 살인 혐의가 있어 베를린 범죄수사국 살인사건 전담수사반에서 맡게 되었다.) 분명 격렬한 싸움이 있었음에도 최종 사인은 심장마비일 수도 있기 때문이다.

몇 시간 후 나체 상태로 부검 테이블에 누워 있는 사망자를 보며 동료 법의학자와 나는 우리의 짐작이 맞다는 것을 확인할 수 있었다. 그의 몸 전체는 하나의 혈종과도 같았으며, 곳곳에서 찰과상과 부어오른 모습을 확인할 수 있었다. 우리는 항상 모든 상처를 구체적으로 기록한다. 이 사망자의 경우에는 눈썹이나 얼굴뼈가 돌출된 부위 몇 군데에서 열상이 확인되었다. 모두 가격당하거나 밟혀서 생긴 상처였다. 칼이나 날카로운 물체가 사용되었다면 상처는 매끈하게 갈라진 모습을 보인다. 하지만 뭉툭한 형태의 힘이 가해져 파열되거나 찢어진 상처는 가장자리가 균일하지 못하고 살짝 너덜너덜한 모습이다. 게다가 남자의 콧등에는 살갗이 벗겨진 상처가 있었는데, 얼굴을 맞거나 밟혔을 때 생긴 것으로 추정됐다. 그의 입안은 피로 가득했고, 귓바퀴는 찢어져 있었다. 우리는 이 부분에서 폭행에 주먹만 사용된 것이 아니라는 사실을 확인했다. 그러한 형태의 부상은 발이 개입된 경우, 그것도 신발을 신은 발이 사용된 경우에만 생길 수 있었다. 맨발로는 그렇게 될 수 없다. 팔에서도 전형적인 패턴의 작은 혈종들이 발견된 것으로 보아 가해자들이 그를 꽉 붙잡았을 거라고 판단했다. 이와 같은 흔적을 압박흔이라고 한다. 피해자가 공격자에게 저항하고, 반격을 시도했다는 사실은 그의 손가락 뼈마디의 핏자국과 긁힌 상처에서 확인할 수 있었다.

그가 발코니에서 발견되었을 때 피가 흥건하지도 않았고, 거실에서도 많은 양의 피가 발견되지는 않았다. 대신 그의 지방 조직에서 피를 발견했다. 사망자는 몸 전체에서 내출혈이 있었다. 일부에서는 혈액이 모여 마치 동굴 같은 모습을 형성했다. 게다가 그의 체간근은 거의 찢어져 있는 상태나 다름없었다. 갈비뼈는 여러 대가 골절되었고 그중 몇 대는 폐를 손상시켰는데, 이는 현장에서 몸통을 만졌을 때의 비빔소리를 통해 이미 짐작하고 있었다.

인간의 폐는 흉부 안쪽 어딘가에 붙어 있는 것이 아니라 음압에 의해 그 자리를 지킨다. 이를 가능하게 하는 것은 폐와 일체를 이루는 장측흉막과 갈비뼈와 닿아 있는 벽측흉막이다. 이 두 가슴막 사이의 공간을 흉강이라고 부른다. 이곳에 공기가 유입되면 폐는 흉부 안쪽으로부터 떨어지며 부피가 작아진다. 음압이 사라지고 긴장이 풀리며 폐는 오그라든다. 상체를 칼에 찔려 바깥으로부터 가슴막에 손상을 입고, 이로써 공기가 유입되는 경우를 예로 들 수 있다. 혹은 안쪽에서 갈비뼈가 부러져 폐자체에서 공기가 빠져나가는 경우도 마찬가지이다. 이런 상처가 처음부터 환자의 생명을 위협하지는 않는다. 우리에게는 두 개의 폐가 있기 때문이다. 하지만 폐에 생겨난 구멍이 일종의 밸브가 되어버리면 환자가 숨을 쉴 때마다 그 틈으로 더 많은 공기가 들어가고, 흉강의 압력이 점점 증가하게 된다. 어느 시점이 되면 흉강의 압력은 더 이상 빠져나갈 곳이 없고, 환자는 결국 자신의 호흡에 의해 질식 상태에 이른다. 그 결과 처음에는 손상된 폐, 그다음으로는 심장, 그리고 대동맥, 결국 반대편의 건강한 폐까지도 짓눌린다. 흉강에서 압력을 받은 공기는 연조직으로도 빠져나가고, 만졌을 때 피부가 사각거린다는 느낌은 이 과정 때문에 생기는 것이다. 수천 개의 작은 방울이 온몸으로 퍼져나가는 모습을 상상하면 된다. 그 과정이 더 오래 걸리고, 호흡이 더 많이 이뤄졌을수록 피부 폐기종 혹은 연조직 폐기종이 더욱 광범위하게 나타난다. 나는 완전히 부풀어 오른 시신을 본 적이 있다. 매우 잔인하고 고통스러운 죽음이다.

발코니에서 발견된 남성의 흉막에서는 피상적이기는 하지만 폐에서 공기가 빠져나오는 원인인 듯한 상처가 발견되었다. 이 상처들은 이미 몸 안에서 생성되는 접착제이자 혈액응고에 중요한 섬유소로 덮여 있었다. 그의 신체가 상처에 대항해 싸움을 시작했다는 뜻이었다. 이 남성이 엄청난 고통을 겪은 이후로도 꽤 오랜 시간 동안 살아 있었다는 명백한 증거였다.

사망까지의 과정이 오래 걸렸다는 사실을 보여주는 다른 지표도 있다. 부신adrenal gland 이 비워지면서 코르티솔과 아드레날린을 포함한 스트레스호르몬이 방출되는 게 그중 하나이다. 이후에 부신은 움푹 팬 모습으로 무너지게 되는데, 이는 육안으로도 확인된다. 급사한 경우의 혈액은 액체 상태이지만, 그렇지 않은 경우에는 피하지방처럼 응고된다. 발코니의 남성은 이 모든 징후를 보였다. 분명 몇 시간이 넘도록 괴로웠을 것이다.

그사이 도움을 구하러 간 이는 아무도 없었다. 만약 그랬다면 이 남성은 목숨을 구할 수 있었을 것이다. 노련한 응급 의사라면 피부의 비빔소리를 즉각적으로 알아차려 흉강의 과도한 압력을 빼냈을 것이다. 숙련된 사람이라면 간단하게 행할 수 있는 인명구조 응급조치다. 광범위한 찰과상으로는 사망에 이르지 않았을 것이다. 머리 쪽에 가해진 격렬하고 둔중한 폭력을 생각하면 충분히 발생하고도 남았을 법한 뇌출혈도 일어나지 않았다. 이 남자는 '단지' 부러진 갈비뼈로 인해 사망에까지 이른 것이다.

여기까지가 부검 결과였다. 이제는 원룸에 있던 사람 중 누가 그에게 폭력을 가했는지가 문제였다. 법의학자로서 그에 관한 의견 역시 제시할 수 있었다. 하지만 그를 위해서는 사망자만 보는 것이 아니라, 살아 있는 이들도 확인해야 했다. 체포된 이들의 조사는 보통 유치장에서 진행된다. 그래서 부검 이후의 임무에는 노숙자이면서 중증 알코올중독자 네 명, 특히 그들의 발을 들여다보고 자세히 기록하는 것도 포함되었다. 사망한 남성을 누가, 얼마나 세게 밟았는가? 체포된 네 명의 남성들은 사흘간 과도한 음주를 했을 뿐만 아니라 몇 주, 몇 달간 스스로를 돌보지 않았다. 그동안 양말을 갈아신지 않았음은 물론이고, 발을 씻거나 발톱을 자르지도 않았을 것이다.

누군가가 부검실에서 악취가 난다고 말하면, 나는 그 말을 한 사람을 이런 조사 현장에 데려가고 싶다. 혹은 몇 달간 방치된 시체가 있던 호더 hoarder (물건을 버리지 못하고 모으는 강박장애를 겪는 사람 – 옮긴이)의 아파트로 데려가고 싶다. 샤리테 병원에는 에어컨이 완비되어 있다. 그리고 우리가 마주하는 시신들은 대부분 차갑게 보관된다. 일부 시신, 특히 몇 달이 지나서 물 밖으로 꺼내진 시신에는 매우 불쾌한 냄새가 나기도 한다는 걸 인정한다. 내 코에서 감지했던 가장 심각한 악취는 응급구조사로 병원 실습을 하던 때 급성 패혈증 환자를 수술하던 중에 경험했다. 당시 그 남성은 열이 40도에 달했으며 허벅지에 큰 농양이 있었고, 그 안에는 거의 1리터에 달하는 고름이 차 있었다. 지독한 악취였다! 그에 비하면 법의학자가 겪는 후각적 경험은, 적어도 내가 느끼기에는 아무것도 아니다.

얼핏 보기에 용의자 네 명의 관리되지 않은 발에는 치료가 필요한 새로 생긴 부상은 없어 보였다. 구급 외과의사는 자세히 살펴보지 않았을 가능성이 컸다. 그렇게까지 해야 할 필요도 없다. 하지만 법의학자에게는 세부 사항 하나하나가 흥미로운 법이다. 피해자와 마찬가지로 가해자들에게 심한 폭행을 당한 집주인에게는 발이나 종아리에서 찰과상이나 출혈이 발견되지 않았다. 그는 확실히 아무에게도 발길질하지 않았다. 수동적인 목격자는 몸 전체에 생긴 지 얼마 되지 않은 부상의 흔적이 없었으며, 싸움에 관여하지 않았다는 그의 진술과도 일치했다.

지난 낮과 밤의 일을 거의 기억하지 못한다고 진술한 두 가해자의 발은 다른 모습이었다. 30대 남성은 복사뼈 쪽에서 새로 생긴 큰 멍이 발견되었고, 나머지 한 명은 복사뼈 쪽에서 생긴 지 얼마 되지 않은 멍이, 발꿈치에서는 찰과상이 관찰되었다. 둘 다 명확히 발길질로 생긴 상처였으며 이는 사망자의 부상 유형과 그들이 신고 있던 신발과도 맞아떨어졌다. 자신도 타박상을 입을 정도의 발길질을 하려면 얼마나 큰 힘이 가해졌을지 상상이 될 것이다. 발꿈치의 상처는 위에서 아래로 발길질을 할 때, 말하자면 찍어 내릴 때 생긴다. 신발과의 마찰로 찰과상이 발생하는 것이다.

법의학이 만족감을 주는 측면 중 하나가 바로 이런 것이다. 가끔은 건강한 상식과 약간의 경험만 있으면 결론을 도출할 수 있다. 복잡한 과학적 방법이 필요하지 않다. 나의 조사 결과는 명확했으며 수사 과정에 반영되었다. 두 가해자는 모두 유죄를 선고받았다. 그것으로 나에게 이 사건은 종결된 것이다.

적어도 거의 그랬다. 몇 달 후, 나는 일 때문에 교도소를 찾았다. 그때 수감자 복장을 한 단정한 남성이 눈에 들어왔다. 그는 나를 알아보지 못했지만, 나는 그를 알아보았다. 그는 두 범인 중 한 명이었다. 그자의 모습에서 금주와 규칙적인 생활이 얼마나 좋은 작용을 하는지 분명히 확인할 수 있었다. 그는 건강해 보였으며, 적어도 외형적으로는 그의 발을 검사했을 때보다 훨씬 더 나은 상태였다. 이전에 비참한 환경에서 살며 범죄를 저지른 사람들은 교도소의 시스템 덕을 보는 경우가 많다. 그곳에서 그들은 규칙적으로 식사하고, 씻고, 깨끗한 옷을 입고, 의료 지원을 받는다. 무고한 목숨이 희생되어야 다른 하나의 삶, 그것도 가해자의 삶이 새로운 기회를 얻는다는 사실은 씁쓸하고 안타깝다. 그럼에도 나는 개인적으로는 이에 대해 평가하지 않으려고 노력한다. 그것이 우리가 살고 있는 사회의 법 제도이기 때문이다. 법의학은 그 제도의 일부이며, 분명하게 구분된 분야이다. 윤리적 판단은 내 몫이 아니다. 나는 다른 임무를 맡고 있다.

Chapter 06

터널 속의 발

인쇄매체가 쇠퇴하고, 종이책과 신문이 사라지기 직전이라는 주장이 수년째 제기되고 있다. 그렇게 되길 바라지 않지만, 만약 책과 신문이 사라지더라도 나는 거기에 전혀 일조한 바가 없다. 나는 종이 신문을 보는 것을 정말 좋아한다. 주말마다 커피와 빵을 먹으며 편안하고 여유롭게 신문을 보는 시간은 절대 놓칠 수 없다. 꼭 특집기사가 아니라도, 기타란에 실린 기사들도 즐겨 읽는다.

　　한번은 일간지에서 몇 줄 되지 않지만 흥미로운 기사를 봤다. 그 전날 지하철 터널 안에서 미라화된 사람의 발이 발견되었다는 기사였다. 베를린 운송회사에서는 정기적으로 베를린 지하철 터널 안의 레일과 전철기에 문제가 없는지를 검사한다. 그런데 선로를 따라 밤 순찰을 하던 운송회사 직원이 누군가의 신체 일부분을 찾은 것이다. 신문에는 그 발이 어디에서 왔는지, 어떻게 하다가 터널 안까지 들어오게 됐는지 알지 못한다고 쓰여 있었고, 현재 경찰이 조사 중이라고 했다. 그 뉴스는 즉시 나의 직업적 호기심을 자극했다. 발 한쪽 발견, 그리고 그 외에는 단서가 없다고?

　머릿속에는 과거에 내가 부검했던 수많은 '철도의 시신들'(우리는 달리는 열차 앞에 서 있거나, 누워 있거나, 그 앞으로 투신자살한 사람들의 시신을 이렇게 부른다)이 떠올랐다. 어쩌면 그중에 이 발의 주인이 있을지도 몰랐다. 어떤 쪽이든, 기록을 한번 살펴보는 것은 나쁘지 않겠다고 생각했다. 그래서 바로 정리해 둔 엑셀 파일을 열었다. 나는 부검했던 모든 사례를 엑셀로 정리해 두었고, 각 시신의 특징까지 빠짐없이 기록했다. 사법부를 위해 작성하는 여러 페이지의 부검 감정서 외에도 엑셀로 따로 정리해 두면 몇 년이 지난 후 과거의 사건을 다시 찾을 일이 생겼을 때 빠르고 효율적으로 확인할 수 있다. 하나의 거대한 디지털 데이터베이스를 구축할 수 있다면, 예를 들면 베를린에서 실시한 부검이 모두 전산화되어 한곳에 저장된다면 더 좋겠지만 아쉽게도 아직 시스템이 그 단계까지는 가지 못했다. 그래도 요즘에는 뛰어난 음성인식 프로그램을 사용하고 있어서 내 말을 받아쓰는 기계에 대고 보고서에 적을 내용을 말하기만 하면 된다. 나머지는 소프트웨어가 알아서 처리해 준다. 적어도 거의 그렇게 해준다.

기록 파일을 열고, 몇 번의 클릭만을 거쳤을 뿐인데 수년 전의 사건이 검색되었다. 한 젊은 청년이 2월 어느 오전에 달려오는 열차 앞으로 뛰어들어 사망한 사건이었다. 당시 열차의 기관사는 충돌을 감지했고, 열차를 멈춘 뒤 시신을 발견했다. 그때 나는 다음과 같은 기록을 남겼다.

"지하철에 치여서 생긴 다발성 외상. 내장 파열 및 몸통, 골격, 사지 여러 곳의 골절, 양 발목과 왼팔 절단 부상. 오른발은 시신과 분리되어 있다."

이 사망자의 특이점은 사라진 왼쪽 발이었다. 하지만 신문에는 지하철 터널에서 발견된 발이 왼발인지, 오른발인지 적혀 있지 않았다. 그래서 나는 베를린 경찰서에 전화를 걸어 내 생각을 말하고 도움을 주고 싶다고 말했다. 하지만 전화를 받은 경찰도 간밤에 찾아낸 그 발이 어느 쪽인지는 모르는 상태였다.

베를린 같은 대도시에서 뼈가 발견되는 일은 드물지 않다.

일반적으로 그 즉시 법의학자에게 연락하거나 현장 출동을 부탁하는 것은 아니고, 대체로 발견된 뼈를 법의학 연구소로 가져온다. 이후 우리가 답해야 할 질문은 다음과 같다. 첫 번째 질문, 이것은 인간의 뼈인가? 두 번째 질문, 이 뼈는 얼마나 오래되었는가? 정확한 연도를 확정할 수는 없지만, 대략적인 시기를 맞출 수는 있다. 이러한 대략적인 분류는 경찰에게 어느 정도 도움이 된다. 50년이 넘어가는 모든 대상은 역사학, 고고학과 관련이 있기 때문이다. 그보다 최근의 일이라면 경찰의 관심 대상일 수 있다. 어떤 범죄의 결과물일 수 있기 때문이다. 물론 발견된 대상에만 기초하는 것이 아니라 발견된 장소의 특이점과도 깊은 연관이 있다. 예를 들면, 오래전 옮겨진 건축용 파이프라인 아래에서 뼈를 발견했다면, 발견 장소가 시간적 분류를 돕는 경우도 종종 있다.

베를린에서 역사학과 관련이 있는 유해의 발견은 새로운 수도설비를 놓거나 창고, 혹은 지하 차고를 만들 때 자주 발생한다. 제2차세계대전 때 희생된 사망자의 유해인 경우도 드물지 않다. 1945년 4월 베를린을 두고 벌어진 최후의 전투에서 군인과 민간인을 합해 추산 약 20만 명의 사람들이 전투와 폭격으로 허망하게 목숨을 잃었다. 그 시점에 나치 독일은 이미 전쟁에서 패배한 상황이었다. 혼란 속에서 흘러간 전쟁의 마지막 며칠 동안, 모든 사망자가 땅에 묻힐 수 있었던 것은 아니었다. 그 결과 베를린에서 건설 활동이 가장 활발하게 이루어지는 여름이 되면, 유골이나 거의 온전한 모습의 전신 골격이 발견되는 경우가 종종 있다. 실제로 철제 헬멧과 군화가 함께 놓여 있을 때도 있다.

물론 경찰이 연구소에 가져오는 뼈가 사람의 것이 아닐 때도 있다. 가끔은 수년 전, 혹은 수십 년 전에 누군가가 허가받지 않은 도살을 한 뒤 정원에 묻어두는 바람에 발견된 동물의 뼈를 가져오기도 한다. 한번은 노이쾰른Neukölln 지역에서 호출을 받았다. 경찰은 그곳의 공원에서 여러 개의 수상한 비닐봉지에 담긴 살과 뼈의 잔해를 찾았다며, 내용물은 이미 부패가 많이 진행된 상태라고 했다. 토막 난 시체일까? 우리는 최악의 상황을 의심했지만, 발견된 내용물을 자세히 살펴본 뒤에는 안심할 수 있었다. 모든 뼈는 돼지에게서 나온 것들이었고, 아마 바비큐 파티를 벌이고 난 뒤 남은 것들인 모양이었다.

때로는 매우 기이한 발견도 있다. 누군가가 도시 외곽의 숲에서 산책을 하다가 한 무더기의 인간 뼈를 발견한 적이 있었다. 조사를 거쳐 밝혀진 사실은, 이 뼈가 19세기 한 의사가 병리학 연구를 위해 오랫동안 모았던, 일종의 컬렉션이라는 것이었다. 모든 뼈는 수십 년 전에 한 전문가가 부검하면서 수집한 것이었고, 두개골에 나타난 고전적인 절단면을 통해 알아볼 수 있었다. 심지어 일부 두개골에는 경첩 같은 것이 달려 있었는데, 이것은 그 두개골이 학습과 관찰 목적으로 사용되었다는 걸 의미했다. 우리는 그 의사의 손자가 할아버지의 섬뜩한 유산을 처리하고 싶었고, 가장 손쉽게 처리하기 위해 그냥 자연으로 돌려보냈으리라고 추측했다.

지하철 터널에서 나온 발은 과연 지난 사건에서 찾지 못했던 왼쪽 발이 맞을까. 첫눈에 봐서는 전혀 알아볼 수 없었다. 경찰이 우리에게 가져온 것은 완전히 미라화된, 즉 마르고 검은 갈색으로 변했으며 부식된 신체 일부였기 때문이다. 우리는 그 발에서 DNA 샘플을 채취해 실험실로 보냈다. 부검을 진행한 모든 시신에서는 심혈이나 조직과 같은 소량의 DNA 샘플을 채취해 검찰 조사 과정이 끝날 때까지 보관해 둔다. 가끔은 수십 년이 지난 사건을 해결해 주는 실마리가 되기 때문이다.

당시 부검대에 올라왔던 젊은 청년은 어느 날 한 병원에서 갑자기 사라졌고, 몇 시간이 지나 어두운 터널 속 시속 50킬로미터로 달려오던 지하철로 몸을 던졌다. 그때 사라진 발을 찾기 위해 100명의 수색대와 경찰 탐지견이 투입되어 선로를 샅샅이 뒤졌다. 그다음 역까지 이어지는 선로를 살펴보았지만 아무것도 찾지 못했고, 결국 그대로 선로를 청소한 뒤 다시 열차 운행을 재개했다. 그렇게 사망자의 왼발을 잃어버린 상태로 시간이 흘렀다.

자살에 관해 어떻게 서술해야 할지 오랫동안 고민했다. 매체에서는 자살 사건을 상세하게 묘사하면 모방 자살이 일어난다는 정당한 이유 때문에 이 주제를 다루는 것을 가능한 한 피하려고 한다. 자살 위험이 있는 사람들이 '자극'을 받아서는 안 된다는 주장은 근거가 있으며, '베르테르 효과'는 과학적으로도 연구되었다. 그럼에도 나는 이 사망 유형에 침묵할 수 없고, 그렇게 하고 싶지 않다. 우리의 직업에서는 자살이 차지하는 비중이 크기 때문이다. 지금 이 부분을 읽고 있는 독자들 중에 우울증이나 자살 충동과 싸우는 이가 있다면, 반드시 심리 상담사나 병원을 찾기를 바란다.

전 세계에서 폭력으로 인해 사망에 이르는 집단 중, 가장 큰 비율을 차지하는 사람들이 누군지 아는가? 전쟁으로 희생되는 사람들? 아니다. 교통사고 사망자들도 아니고, 살인사건의 피해자 역시 아니다. 답은 자살 사망자이다.(WHO는 폭력을 '물리적인 강제력이나 힘을 고의로 이용하여 자신에게, 다른 사람들에게, 그룹 또는 지역사회를 의도적으로 협박하거나 실제로 사용하는 상황'으로 정의하고 있다-옮긴이) 안타까운 사실이다. 독일에서는 연간 약 10만 건의 자살 시도가 있고, 매년 약 1만 명의 사람들이 자살로 생을 마감한다. 평균적으로 한 시간에 한 사람이 자살로 목숨을 끊는 셈이다. 독일에서는 자살로 사망한 사람 중 사분의 삼이 남성으로, 남성의 자살률이 훨씬 높다.

그래도 지난 수십 년간 독일의 자살률은 지속적으로 감소했다. 1980년대 초부터는 그 수가 거의 반으로 줄었다. 건강 관리 개선, 심리치료 제공, 정신질환을 민감하게 받아들이는 사회적 분위기가 크게 기여했다. 그럼에도 아직 너무나 많은 사람들이 제때 도움을 받지 못하고 있다.

독일에서 자살하는 이들이 가장 많이 택하는 방법은 목을 매는 것이다. 뇌가 산소부족을 견딜 수 있는 시간은 매우 잠깐에 불과해 상대적으로 빨리 사망할 수 있기 때문이다. 산소가 부족한 혈액을 심장으로 운반하는 혈관은 목에서 상대적으로 바깥쪽에 위치하는 반면, 산소가 풍부한 혈액을 머리로 운반하는 동맥은 더 안쪽에 있다. 만약 체중이 실린 밧줄이나 끈 같은 도구를 사용해 밖에서 안쪽으로 압착함으로써 혈류를 막으면 머리와 목 부위, 특히 뇌가 빠르게 산소가 부족한 피로 채워진다. 이를 가리켜 '대뇌 저산소증'이라고 한다. 일반적으로 10초에서 20초가 지나면 의식을 잃고, 3분에서 5분이 지나면 뇌사상태가 된다. 심장은 심정지가 발생하기 전까지 최대 30분을 뛰기도 한다. 이때 산소부족으로 인한 발작이 일어나는 경우도 있다. 하지만 당사자는 이미 뇌사상태이기 때문에 이것을 느끼지 못한다.

교살, 혹은 끈이 아닌 범인의 팔 등으로 목이 졸린다면 완전히 다른 신체 반응이 일어난다. 이 경우 외부에서 목에 가해지는 힘의 크기는 더 적다. 이는 피해자가 빠르게 의식을 잃지는 않는다는 뜻이며, 몇 분 동안 목숨을 걸고 필사적으로 싸울 것이다. 어쨌거나 독일 연방 통계청에 의하면 거의 절반에 달하는 남성 자살자가 '목을 매거나, 조르거나, 질식'에 의해 죽고, 여성의 경우에는 이 수치가 삼분의 일 이상이라고 한다.

목을 매달면 경부 골절, 즉 목이 부러지고 그것이 사망 원인이 된다는 믿음은 잘못된 것이다. 상부 경추에서 이른바 교수형 골절hangman's fracture이 나타나기는 하지만, 부검이나 사후 CT에서 이것을 확인할 수 있는 사례는 매우 드물다. 대부분은 높은 곳에서 가는 끈 도구를 사용해 그에 따른 엄청난 힘이 경추에 작용한 경우이다.

나는 구급대원으로 일하던 시절에 간혹 목을 맨 사람들을 보았고, 그들을 동료들과 함께 구조해야 했다. 목에 줄을 감고 지붕보 같은 곳에 매달려 있는 사람의 모습은 말로 표현하기 어려운 잔혹함과 폭력성을 발산한다. 한번은 조깅을 하던 한 젊은 남성이 나무에 목을 맨 사람을 발견해 신고한 적이 있다. 그는 가장 가까운 버스 정류장으로 달려가 경찰에 신고했다. 우리가 도착했을 때, 그는 어디서 시신을 보았는지 정확히 기억하지 못했다. "저기 뒤 어딘가였어요!" 그래서 우리는 어두운 숲길을 따라 천천히 구급차를 몰고 순찰차 뒤를 쫓으며 시신을 찾아 나섰다. 3월의 밤이었으므로 몹시 추웠고, 달빛이 우리를 비추고 있었으며 벌거벗은 나무 위에는 검은 까마귀들이 앉아 있었다. 시신을 처음 발견했던 목격자의 심리 상태는 너무도 불안정해서, 발견 장소에 접근했을 때는 경찰차에서 내리기를 거부했다. 그는 대략적인 방향만을 손가락으로 가리키며 "저쪽이요"라고 말할 뿐이었다. 우리는 손전등을 켜고 덤불 속으로 나아갔다. 결국, 내가 시신의 다리 사이로 거의 걸어 들어갈 뻔하면서 시신을 발견했다.

그 남성은 거의 세 달간 그 나뭇가지에 매달려 있었고, 부패와 미라화가 진행되었으며 새와 구더기에 의해 먹힌 상태였다. 그의 얼굴에는 남아 있는 것이 많지 않았지만, 목에는 노란 나일론 끈의 흔적이 선명했다. 그 장면은 아마 죽을 때까지 잊지 못할 것이다. 이어서 소방관이 도착했고, 우리는 끈을 잘라 나무에서 그를 내렸다. 사체를 시신 가방에 담고 들것에 실어, 험한 길을 지나 구급차를 타고 법의학 연구소로 운반했다. 투입된 모든 인원은 남성이었고, 모두의 머릿속에는 달빛 속에서 심하게 부패한 상태로 나무에 매달려 있던 시신의 모습이 강하게 각인되었다. 하지만 아무도 그 모습을 입 밖으로 내지는 않았다. 대신 우리는 가벼운 이야기와 블랙 유머로 그날의 경악한 마음을 감췄다.

유족이나 전혀 모르는 이가 자살한 사람의 시체를 발견하면서 충격을 받고, 심리적으로 굉장한 압박을 받는 상황이 자주 있다. 이것은 자살이 갖는 최악의 측면 중 하나이다. 슬픔과는 별개로, 이 유형의 죽음이 가져다주는 쇼크가 있다. 많은 이들이 누군가가 고층 건물에서 뛰어내리는 장면을 눈앞에서 목격하거나, 손목을 긋고 자살한 사람을 피로 가득한 욕조에서 발견하고 난 뒤의 충격에서 회복하는 것을 매우 어려워한다.

이런 경험에 유난히 많이 노출되는 직업군이 있다. 바로 기관사들이다. 독일 전역에서는 일일 평균 두 명에서 세 명이 달려오는 지하철이나 기차 앞으로 투신한다고 한다. 이 말은 곧, 매일 두 명에서 세 명의 기관사가 트라우마를 갖게 된다는 뜻이다. 그리고 이 중 적지 않은 이들이 더 이상 일을 하지 못할 정도로 큰 충격을 받는다.

특별히 '극적'이거나 기괴한 방법으로 자신의 목숨을 끊는 사례도 있다. 나는 여러 발의 총상으로 자살을 시도하다가 결국 칼로 자해해 사망한 시신을 부검한 적이 있다. 캡티브 볼트 건Captive Bolt Gun (캐틀 건이라고도 부르는, 가축을 도살할 때 쓰는 도구-옮긴이)을 사용한 도축업자, 직무용 권총을 사용한 경찰, 자신에게 독극물을 주사한 마취과 의사 등 직업과 관련된 방법을 택하는 이들도 종종 있다. 한번은 어떤 이가 삶의 마지막 순간에 침대에서 미끄러지면서 침대와 협탁 사이에 머리로 선 채 며칠 동안 있었던 현장에 출동한 적이 있다. 자살한 이후 한동안 누구에게도 발견되지 못하면서 자신이 키우던 애완동물에게 먹히는 불행한 경우도 가끔 일어난다.

한마디로 없는 방법이 없다. 우리는 다섯 가지 방법을 복합적으로 사용한 시신도 부검해 보았다. 목을 매는 동시에 칼에 찔렸고, 불을 붙이고, 음독을 했던 사례였다. 거기에다 물속으로 뛰어들었다. 나의 법의학적 경험으로는, 시신을 발견한 상황이 혼란스러울수록 그 사건이 자살일 가능성이 컸다.

감히 자살과 그와 관련한 병리학을 판단하려는 것이 아니다. 다락방에서 목을 맨, 거의 70세에 가까운 남성의 재킷에서 손글씨로 적은 긴 편지가 발견된 적이 있다. 그는 췌장암에 걸렸으며, 이 끔찍한 병 때문에 천천히 고통스럽게 죽기보다는 자유롭게 생을 마감하고 싶다고 적었다. 암담한 계기에 의해서 적힌 편지였지만 쾌활함에 가까운 분위기가 담겨 있었고, 많은 이들에게 감사 인사를 남겼으며 특히 따뜻한 말과 함께 남동생을 생각했다. 보살핌이 필요한 친척도 잊지 않았다. 요양원에 있는 연약한 종조모를 누군가 보살필 것을 당부했다. 그녀는 오른쪽 귀로만 잘 들을 수 있으므로 자신의 장례식에서 가능하면 왼쪽에 앉는 것이 좋겠다고 적었다.

그런데 부검을 통해 확인할 수 있었던 사실은, 그 남성이 매우 건강했다는 것이다. 그의 몸에서 췌장암을 앓고 있다는 증거가 발견되지 않았다. 그가 어떤 경로로 췌장암 진단을 받게 된 것인지는 알려지지 않았다. 어쩌면 불분명한 상복부 통증 때문에 인터넷 검색을 했고, 암에 걸렸다는 생각을 갖게 되었는지도 모른다. 아무도 그 사실을 모른다.

2020년 봄, 코로나 사태로 인한 봉쇄령 조치가 처음 시행되었을 때도 비슷한 편지들을 발견했다. 그들은 새로운 바이러스에 감염되었거나, 앞으로 분명히 감염되어 곧 죽게 될 거라는 확신이 있었다. 코로나 바이러스로 인한 죽음이 두려웠던 이들은 자유로운 죽음을 택했다. 비극적인 논리다. 하지만 자살을 택한 이들 중 누구도 바이러스에는 감염되지 않았었다. 나는 초코스 교수와 그 사례 몇 가지를 모아 2020년 초여름 과학 논문의 일부로 발표했다.[2] 이를 통해 사회적 고립, 지속적인 미디어 경고, 봉쇄령이 심리적으로 불안정한 사람들에게 미칠 수 있는 영향을 알려주고 싶었다.

죽음만이 자신의 고통을 끝낼 수 있다고 확신하는 사람들은 나이가 많은 사람이든 젊은 사람이든, 남성이든 여성이든, 재산이 많든 적든 상관이 없다. 어떤 특정 계층에 국한되어 있지 않다. 자신의 결정이 남겨진 가족에게 어떤 영향을 미치는지 그들은 알지 못한다. 가족들이 몇 년 동안이나 죄책감 속에서 산다는 사실, '왜 그랬을까?' '우리가 어떻게 해야 했을까?'와 같은 질문을 반복한다는 사실을 그들은 알지 못한다. 그렇다고 자살 위험에 빠진 사람의 생각이 온통 자신과 자살 충동에만 머물러 있는 것을 비난할 수도 없다. 이것은 병의 일부이기 때문이다.

법의학은 사회를 비추는 거울이기도 하다. 부검 횟수가 적기는 하지만, 우리는 부검대에서 사람들이 어떠한 상태인지 자세히 들여다볼 수 있다. 사람들이 어떤 원인 때문에 사망하고, 어떤 건강 상태를 지녔고, 어떤 심리적인 부담을 가졌는지 확인할 수 있다. 내가 부검했던 가장 어린 자살 사망자는 이제 막 열두 살이었고, 그는 성적이 나쁠 것을 두려워했다. 가장 나이가 많은 이는 101세였고, 그는 막 배우자를 잃은 상태였으며, 시력도 잃게 되어 더 이상 축구를 볼 수도 없었다. 그러한 상황에서는 더 이상 살 이유가 없다고 생각한 것이다. 금융위기 때는 실직한 젊은 은행가를 부검했다. 그에게는 아내와 아이, 그리고 집한 채가 있었는데, 그는 집의 대출 할부금을 더 이상 상환할 수 없었다. 어느 날 아침, 그는 베를린에 있는 고급 호텔에 체크인했고, 가장 높은 층의 방을 요청했다. 프론트에서 조식을 신청하겠느냐고 물었고, 그는 괜찮다고 답했다. 잠시 후, 그는 창문 밖으로 뛰어내렸다.

지하철 터널에서 발견된 발은 수년 전 열차에 투신해 자살을 택한 젊은 남성의 것이었다. DNA 검사 결과도 일치했다. 발이 발견된 장소는 남성이 투신한 역에서 두 정거장 떨어진 곳이었다. 아마도 절단된 발이 지하철 하부 구조 어딘가에 걸려 열차와 함께 두 정거장을 끌려가다가 떨어진 모양이었다. 당시 경찰들은 그다음 정거장까지는 수색했지만, 두 정거장 떨어진 곳까지는 가지 않았다. 그렇게 그의 발은 몇 년 동안 아무도 모른 채 터널 속에 놓여 있었다. 한 꼼꼼한 운송회사 직원이 무언가 이상한 것을 발견하고 그 위로 몸을 굽힐 때까지, 그리고 분명 소스라치게 놀랐을 그 순간까지.

Chapter 07

계단에서

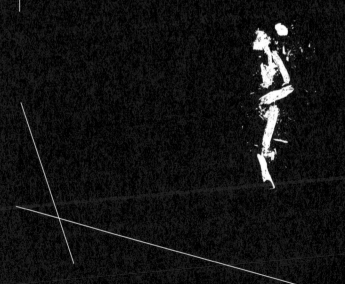

베를린에서 일하던 시절 가장 힘들었던 일을 꼽으라면, 몇 년 전 10월의 밤이 떠오른다. 그날 저녁은 시작부터 녹록지 않았다. 베를린 북부인 비테나우Wittenau에서 들어온 신고에 의하면, 토요일 저녁 젊은 남성 세 사람(데니스와 앤디, 파트릭이라고 해두자)이 숙소에서 흉기를 들고 피비린내 나는 싸움을 벌였다고 했다. 두 사람은 중상을 입었고, 세 번째 남성인 26세 파트릭은 집 앞의 수풀에 쓰러져 있었으며 숨이 끊어진 상태였다.

그 지역 경찰공무원들은 이 사건에서 데자뷔를 느꼈을 것이다. 정확히 일주일 전, 같은 거리의 같은 집 앞에서 34세의 데니스가 칼로 공격을 받은 적이 있기 때문이다. 거리에서 고무 돼지 가면을 쓴 한 남성이 갑자기 그에게 달려들어 한쪽 귀를 잘랐다. 베를린이 아무리 거친 도시라지만, 이곳에서조차 비현실적인 사건이었다. 다행히 데니스는 병원에서 귀를 봉합할 수 있었다. 그는 범인이 면식범인지 확인하기는커녕, 얼굴을 식별하지도 못했다고 말했다. 경찰은 그날 이후 도망친 낯선 자를 열심히 찾았다. 타블로이드 신문에서도 조용한 주거지역 수풀 속에 숨어 있다가 갑자기 뛰쳐나와 잔혹한 범죄를 저지른 '돼지 가면의 남자'에 대한 의문을 던졌다. 그는 주민 전체에게 위협이 될 만한 존재인 걸까?

그로부터 일주일이 지난 토요일, 밤 11시 30분쯤 또 한 번 칼이 사용된 공격이 같은 주소에서 발생했다. 하지만 이번에는 돼지 가면을 쓴 남성의 공격이 아니라, 그 공격에 대한 일종의 보복이었던 듯하다. 데니스와 그의 친구 앤디가 돼지 가면 뒤에 숨어 공격을 감행했던 파트릭과 싸운 것이다. 그러다가 칼이 등장했다.

경찰과 구급대원이 현장에 도착했을 때는 칼에 찔려 사망한 남성이 공동주택 앞뜰 덤불 속에 쓰러져 있었다. 아마도 숨을 거두던 그 순간 수풀 속으로 기어들어 간 듯했다. 처음 구급대원들이 집 안으로 서둘러 들어갈 때까지만 하더라도, 사망자를 발견하지 못했다. 사망자가 그 위치에서 발견된 것이 특이한 일은 아니다. 나는 죽어가는 이들이 삶이 다했다는 것을 느끼는 순간에 자신을 보호할 수 있는 곳으로 숨는 것을 자주 보았다. 예를 들어 화재로 사망한 이들은 장롱 안이나 침대 아래에 쓰러진 채로 소방관에게 발견되기도 한다. 그 순간에 인간이 하는 행동은 동물과 크게 다르지 않다. 누군가는 쓰레기통 안으로 혹은 붙박이장 안으로, 다른 이는 소파 아래로 몸을 숨긴다. 이를 가리켜 하이드앤다이 신드롬hide-and-die syndrome 이라고 한다. 수년 전에 경찰이 폐지가 담긴 수거함을 통째로 연구소로 가지고 온 적이 있다. 한 노인이 그 안에 들어가 벤진을 몸에 붓고 불을 붙인 것이다. 결국, 그의 시신은 수거함과 그 안의 내용물과 합쳐져 부검하기가 어려웠던 기억이 난다.

비테나우 사건에서는 그 젊은 남성이 다가오는 죽음을 느끼고 수풀 속으로 숨은 건지, 아니면 다른 두 사람으로부터 숨기 위해 그렇게 한 것인지 바로 알 수 없었다. (경찰이 6층 숙소에서 다른 두 사람을 발견한 것으로 보아, 그들은 파트릭을 쫓아가려고 시도하지 않은 것으로 보였다.) 어쨌거나 주민들은 그 집에서 소동이 일어나고, 다수의 부상자가 발생한 사실을 알아차리고 소방서에 신고했다. 먼저 응급구조대가 집 안으로 들이닥쳤고, 그 안에 두 남성이 피투성이가 된 채로 쓰러져 있었다. 잠시 후 건물 앞 덤불에서 파트릭을 찾아 소생술을 시행했지만, 이미 늦었다.

나는 구급차에서 그 시신을 자세히 살펴보았고, 몇 개의 깊은 자창과 방어하면서 생긴 상처들을 확인할 수 있었다. 그 사이 시계는 새벽 1시를 가리키고 있었고, 살인사건 전담수사팀이 현장에 도착해서 사건을 인계받는 중이었다. 해당 사건은 소위 '알려진 사안Bekanntsache'으로 분류되었는데, 이는 곧 두 명의 피의자가 확정되었기 때문이다. '알려지지 않은 사안'은 피의자가 발견되지 않았다는 뜻이다. 우리는 당직 검사와 논의해 부검은 일요일 아침 9시에 하는 것으로 충분하다고 판단했다. 시계를 흘끔 본 나는 적어도 몇 시간은 잘 수 있길 바랐다. 하지만 나중에 돌이켜 보니, 이 사건은 다사다난할 그날 밤의 프롤로그에 불과했다.

수사팀과 작별인사를 나누려던 바로 그때, 경찰들이 또 하나의 살인사건이 발생했다는 사실을 알려줬다. 두 번째 사건 발생 지역은 우리가 있던 곳에서 반대편 끝자락에 놓인 평온한 지역 마리엔펠데Marienfelde 였다. 그때까지만 해도 정보는 많지 않았다. 한 남성이 여성에게 불을 붙였고, 그 결과 집 전체가 불타고 있다고 했다. 베를린 같은 대도시에서도 불과 몇 시간 안에 두 건의 중범죄가 발생하는 건 매우 이례적인 일이다. 경찰의 범죄 통계학에 따르면 최근 몇 년 동안 베를린에서는 매년 90건에서 120건에 이르는 살인 및 살인미수 사건이 발생했다. 평균적으로 한 해에 30명에서 40명 정도가 살인사건으로 사망했다. 그런데 이날 하룻밤 사이에만 두 건의 살인이 발생한 것이다.

비테나우의 수사관들은 아직 사건 현장의 보존 작업과 증거 수집이 끝나지 않은 상황이었다. 어쨌거나 집 전체에 피가 묻어 있었고, 정확히 어떤 상황에서 살인이 일어났는지 알지 못하는 시신 한 구가 수풀 속에 있었으니, 보존할 것도 기록할 것도 많았다. 그 현장을 처리하지 않고 다음 현장으로 출동할 수는 없었다. 어떡하지? 갑자기 그들의 시선이 나에게로 향했다. "클라아스, 다음 장소로 먼저 가줘요. 우리도 곧 따라갈게요." 그들이 내게 보여준 믿음이란! 나는 경찰도 아니고, 살인사건을 조사하는 수사관도 아니다. 나는 법의학자다. 그럼에도 베를린 경찰을 대표한다고 말할 수 있는 살인사건 전담수사팀의 지도부가 나에게 사건 현장에 먼저 가서 상황을 파악해 달라고 부탁할 만큼 나를 신뢰하고 있었다. 피곤하지만 약간 흥분된 상태로, 열쇠를 쥐고 차에 올라탔다. 마리엔펠데에서 나를 기다리고 있는 사건은 무엇일까? 확실한 건, 그날 밤 잠을 자기는 글렀다는 사실이었다.

대부분의 사건 속 인간관계가 그러하듯, 이번 사건의 당사자들도 길고 파멸적인 전력을 지닌 사이였다. 카를로스가 자신의 여자 친구 멜라니를 죽였던 그때까지, 그 둘은 거의 10년을 함께했다. 그리고 그 세월은 순탄하지 않았다. 물리치료사이자, 밀교와 영성을 좋아하던 멜라니는 개방적이며 친절하고 삶을 즐기는 쾌활한 타입이었다. 반면 멕시코 출신의 스페인 사람이었던 카를로스는 살집이 있으며 크고 건장했고, 안정적인 직장을 구하지 못해 오랜 시간 힘들어했던 음악인이었다. 그는 자존감이 낮았고 심리는 불안정했으며 질투를 자주 보이는 편이었다. 동시에 권위적이고 요구 사항이 많은 유형이기도 했다. 이둘은 이미 몇 번 헤어질 뻔한 적이 있었고, 최근에는 몇 달간 떨어져 있기도 했다. 하지만 많은 대화와 카를로스의 노력 끝에 다시 만나게 되었다.

52세였던 멜라니는 수년간 무직으로 지낸 남자 친구에게 금전적으로 도움을 줄 뿐만 아니라, 자신의 모든 비밀번호를 알려줄 정도로 애정이 매우 크고 깊었다. 카를로스는 멜라니가 누구에게 이메일을 쓰고, 누구와 영상통화를 하고, 누구에게 메시지를 보내는지 확인할 수 있었다. 질투심 많은 그는 멜라니가 다른 이들과 소통하는 것을 감시하는 걸 당연하게 여겼고, 이것이 연인 관계에서 필수적인 일이라고 생각했다. 그리고 그는 자신의 마음에 들지 않는 사람은 멜라니와 온라인에서 연락할 수 없게끔 차단해 버렸다. 그렇게 몇몇 친구들은 멜라니에게 메시지를 보낼 수 없게 되었다.

멜라니는 카를로스의 이러한 간섭이 불만족스러웠지만, 오랜 시간 이 모든 것을 참아주었다. 그러다가 사건이 일어나기 몇 달 전부터 멜라니는 둘 사이에 새로운 규칙을 세우려고 했다. 그녀는 친한 친구로 지내던 전 남자 친구를 좀 더 자주 만나겠다고 했다. 또 다른 사람들과 자유롭게 이야기할 수 있도록 비밀번호도 바꾸겠다고 선언했다. 그사이 카를로스는 드디어 구직에 성공해 6개월째 슈투트가르트Stuttgart에서 반일제 음악 교사로 일하고 있었기 때문에 주말에만 베를린에 있는 멜라니의 집에서 지냈다. 카를로스는 멜라니의 선언을 모욕이자 상처로 받아들였다. 전 남자 친구와 연락하겠다는 말이 특히 그를 화나게 했다. 그래서 둘은 이 문제로 계속 부딪쳤다. 그때까지는 폭력이 개입된 충돌은 없었다.

10월의 첫 주말, 이 커플은 '정돈된 삶을 사는 동시에 새로운 것에 열려 있는 법'을 주제로 한 강연에 참석했다. 멜라니는 강연에 깊은 인상을 받았고, 카를로스는 전혀 그렇지 않았다. 토요일 저녁에는 자주 그랬던 것처럼 헤어질 것인가, 함께 지낼 것인가를 두고 토론이 벌어졌다. 만약 관계를 계속 이어간다면, 어떤 조건에서 이어갈 것인가? 어느 순간 카를로스는 감정이 상해서 거실로 나와 텔레비전 앞에 앉았다. 멜라니는 침실로 갔고, 그곳에서 명상을 한 뒤 침대에 누웠다.

카를로스가 계획을 실행한 시각은 새벽 1시 30분쯤이었다. 멜라니가 살고 있던 관리가 잘된 아파트 건물은 이웃들이 수년간 서로 알고 지낸 사이였으며, 그때는 거의 모든 집이 잠자리에 든 상태였다. 카를로스는 나중에 여자 친구를 살해하려는 목적은 없었으며, 그녀를 그저 '추하게 만들고자 했을 뿐'이었다고 진술했다. 다른 남성들이 멜라니를 매력적이라고 생각하지 못하게 만들어서 영원히 자신의 곁에 두고 싶었다고 말했다. 그것이 진짜 그의 마음이었는지, 혹은 자신을 변호하기 위해 꾸며낸 말이었는지는 알 수 없다. 어찌 됐건 그는 화장실에 숨겨두었던 연료용 알코올을 화병에 채우고 멜라니의 침실로 들어갔다. 그러고는 멜라니의 머리카락, 머리, 상체에 알코올을 붓고 자고 있던 여자 친구의 몸에 불을 붙였다. 그녀가 고통스럽게 비명을 지르며 잠에서 깨어나 그에게 도움을 청할 때, 카를로스는 집 밖으로 뛰쳐나가 목재로 된 계단을 통해 4층에 있던 집에서 거리로 내려왔다. 여기서부터 그는 걸어서 도망쳤다.

머리와 상체가 완전히 화염에 휩싸인 멜라니는 그를 쫓아가려고 시도했으며, 소리를 지르면서 비틀거리며 계단으로 갔다. 한밤중에 이게 대체 무슨 소리지? 소음 때문에 잠에서 깬 이웃은 현관문을 열었다. 그는 자신의 이웃이 2미터 높이의 화염에 휩싸인 채 소리를 지르며 타오르는 장면을 목격했다. 1층과 2층 사이의 마지막 층계참에 다다라서야 그녀는 잠시 멈췄다. 그러고는 앞으로 쓰러지면서 마지막 계단을 굴러 내려갔다. 이웃은 큰 충격을 받았지만 집으로 다시 들어가서 이불을 가지고 나와 계단을 빠르게 뛰어 내려가 그녀의 몸 위를 덮으며 쓰러졌다. 그는 불을 끄는 데 성공하고, 그 과정에서 자신도 화상을 입었다. 하지만 멜라니를 구할 수는 없었다. 나이가 많은 한 이웃 역시 소음 때문에 잠에서 깨어 불길에 휩싸인 멜라니가 계단참에서 쓰러지던 그 끔찍한 장면을 보게 되었다. 이 여성은 충격을 받아 뇌졸중이 왔다.

그사이 다른 이웃들도 큰 위험에 처했다. 멜라니의 침실에서 시작된 불이 몇 초 안에 집 전체로 번진 것이다. 침대와 옷장, 문과 창틀까지 불에 타고 있었다. 복도에는 독성 연기가 퍼졌다. 4층의 한 주민은 잠시 뒤 소방구급대원들의 도움을 받아 회전 사다리를 타고 생사를 위협하는 화마로부터 대피해야 했다. 그는 패닉에 빠져 4층 창문에서 막 뛰어내리려고 했었다. 나중에 법정에서는 범인에게 이 죄 또한 물었다. 그는 비열한 범행 동기로 많은 사람을 위험에 빠뜨렸으며 교활하고 잔인하게 여자 친구를 살해했을 뿐만 아니라, 이웃들의 목숨까지도 위태롭게 만들었다. 심지어 멜라니의 부엌에는 10리터짜리 가스통이 있어서 화재가 더 번졌다면 분명 폭발했을 것이다.

일요일 새벽 3시경, 내가 사고 현장에 도착했을 때는 이미 다수의 중차량과 함께 소방 병력이 대규모로 투입되어 진화 작업 중이었다. 불이 꺼지고 구조 작업이 끝나기까지는 한 시간가량 걸렸다. 그다음에야 나는 거품으로 가득한 복도를 지나 사망자를 자세히 들여다볼 수 있었다. 현장 검안 보고서에는 다음과 같이 적었다.

"시신에서는 탄 냄새가 매우 강하게 나며, 특히 목, 머리, 팔과 같은 상체 부위에서 광범위한 화상과 탄화가 나타난다. 상체 대부분의 표피는 넓게 벗겨지고, 피부의 하층은 갈색을 띠는 가죽과 같은 형태로 건조되고 열기에 의한 경화가 일어난 것을 볼 수 있다. 시신 전체에는 흰색 가루 형태의 소화消火 약제가 다량 덮여 있다. 시신은 탄 옷의 잔해 - 상체 부위는 녹은 것처럼 보이는 상의(가슴과 갈비뼈 부분은 아직 보존된 하늘색 양털 스웨터), 아래는 원래는 흰색이었으나 새카맣게 타버린 속옷 - 로 덮여 있다."

법의학에서 살아 있는 사람이 불에 탄 경우를 보는 건 매우 드문 일이다. 주택이나 아파트에서 화재가 발생하면, 사람들은 보통 유독가스에 의해 질식사한다. 그다음에야 시신이 불에 의해 소실燒失, 정확히 말하면 탄화炭化된다. 특히 화재가 밤에 일어나면 피해자가 잠이 든 사이에 퍼지기 때문에 매우 위험하다. 잠든 사람들은 유해한 매연, 그중에서도 일산화탄소CO를 들이마시고 의식을 잃으면서 제때 대피할 수 없게 된다. 일산화탄소가 사람에게 위험한 이유는 헤모글로빈과 강하게 결합하기 때문이다. 헤모글로빈은 원래 산소와 쉽게 결합하여 피 속에서 산소를 운반하는 역할을 하는데, 일산화탄소와의 친화력이 산소보다 200배에서 300배까지 더 높다. 헤모글로빈이 일산화탄소에 의해 '점령'당하면, 사람은 몇 번 호흡하지 못하고 바로 질식해 버린다. 헤모글로빈의 일산화탄소 포화도가 50퍼센트에 이르면, 그때부터는 나이와 기저질환에 관계없이 생존 가능성이 사라진다. 일산화탄소는 너무나 위험한 유독가스이기 때문에 그 위험성에 대해 끊임없이 경고해야 한다. 아직도 너무 많은 사람들이 밀폐된 공간에서 일산화탄소중독으로 목숨을 잃는다. 꼭 화재가 일어나지 않아도 결함이 있는 가스보일러를 사용한다든가, 발코니에 두고 써야 하는 작은 그릴 속 연탄을 식히기 위해 부엌으로 가져가는 등의 행위 역시 생명을 위협할 수 있다. 일산화탄소는 보이지도 않고, 냄새나 맛이 나지도 않는다.

긴 시간에 걸쳐 일산화탄소가 건물 안에 퍼지면 사람들은 독감에 걸렸을 때와 비슷한 중독 증상을 겪는다. 메스꺼움을 느끼고, 기운 없이 축 처지는 기분이 들며 두통이 생긴다. 사람들은 종종 이러한 증상을 알아차리지 못하거나 다른 원인이 있을 거라고 착각한다. 때로는 일산화탄소중독 사망자 옆에서 두통약이 발견되거나 그들이 죽기 전에 치킨 수프를 요리한 뒤 잠자리에 들었던 정황이 확인되고는 한다. 그러나 그들이 살기 위해 가장 먼저 해야 했던 건 단지 창문을 활짝 여는 것뿐이었다.

응급구조사로 근무할 당시에는 늘 극적인 일산화탄소 사고 이야기를 들었다. 그중에는 현장에 출동한 구급대원들이 상황을 파악하지 못해 함께 중독되는 일도 있었다. 2014년에 함부르크 남쪽에 나란히 위치한 다세대 주택 두 채에서 발생했던 사고가 언론의 주목을 받았다. 난방장치의 결함으로 인해 세 명의 사망자와 열세 명의 부상자가 발생한 사고였다. 경찰은 나중에 이 두 채의 주택에서 몇 시간 동안 구급차를 찾는 전화가 세 건이나 걸려온 것을 확인하였다. 한 사람은 어지러움을 호소했고, 다른 한 사람은 넘어지면서 머리가 찢어졌다고 했고, 나머지 한 사람은 혈액순환에 문제가 있다고 했다. 그 세 통의 전화는 아마도 소방통제센터의 각기 다른 담당자가 받았을 테고, 그 누구도 세 건의 연락이 서로 연관이 있을 거라고 생각하지 못했다.

가스가 새고 있다는 사실은 우연히 발견되었다. 거주민 중한 명이 다음 날 직장에 나타나지 않자 직장 동료가 소방대에 알린 것이다. 그 남성은 집 안 복도에서 발견되었다. 침대에 누워 있던 동거인도 사망한 상태였다. 겉보기에 상처가 없는 시신이 닫힌 공간 안에서 한 구 이상 발견된다면, 일산화탄소중독으로 인한 죽음을 가장 먼저 의심해야 한다. 때마침 구조 작업 당시 함께 있던 굴뚝 청소부 덕분에 실내 공기에 일산화탄소가 고농도로 섞여 있다는 사실을 바로 알아차릴 수 있었다. 그렇게 세명의 거주민이 사망했으며 (한 이웃도 이미 숨을 거둔 채로 자신의 집에서 발견되었다) 나머지 사람들 또한 심각한 중독으로 고통을 받았다.

이러한 이유에서 몇 년 전부터 독일의 거의 모든 대도시에서는 소방대와 구급대원들이 출동할 때 벨트나 구조용 배낭에 일산화탄소 탐지기를 넣어 다닌다. 공기 중 일산화탄소 농도가 일정 수준을 넘으면 탐지기가 경고음을 울린다. 어떤 공간이 일산화탄소로 오염된 줄도 모르고 구조대가 들어갔다가 위험해질 수도 있으므로, 이와 같은 조치는 반드시 필요하다.

일산화탄소 사고 뒤에 숨은 모든 비극에서 사망자들이 살아 있는 상태로 불에 탄 것은 아니라는 사실을 아는 게 어쩌면 작은 위안이 될 수도 있다. 많은 경우, 그들은 화재가 났다는 사실조차 인지하지 못한 상태에서 빠르고 고통 없이 연기, 특히 일산화탄소에 의해 질식사했을 것이다. 부검에서는 사망자가 아직 숨이 붙어 있을 때 그을음을 흡입했던 흔적이 나타난다. 코와 입에는 그을음의 흔적이 있고 인후와 기관지, 폐에서는 그을음 줄무늬가, 위장에서는 그을음 입자가 발견된다. 그리고 일산화탄소와 결합한 혈액은 광학적으로 산소와 결합한 혈액과는 다른 흡수 분포를 보이기 때문에, 시신은 훨씬 밝아 보이는 경향이 있다. 시반은 연분홍빛을 띠며, 혈액은 체리색과 같은 빛으로 반짝거린다. 근육은 보통의 경우처럼 적갈색이 아니라 연어와 같은 빛깔에 가깝다. 이렇게 사망한 이들의 모습은 고통에 몸부림치거나 죽음과 싸우던 것 같지 않고 매우 평온해 보인다.

반면, 밀폐된 공간에서 살아 있는 상태로 불에 탄 시신을 접할 확률은 매우 낮다. 중세 시대에 장작더미를 쌓아두고 행했던 마녀의 화형과 같은 사례에서나 더 흔했을 것이다. 당시의 불쌍한 희생자들은 아마도 의식이 완전히 깨어 있는 상태에서 그런 일을 겪었을 것이다. 일산화탄소는 야외에서 축적되지 않고 증발해 버린다.

법의학적으로는 원칙상 '방화 살인'과 '살인 후 방화'를 구분한다. 살인이 이미 저질러진 상태에서 흔적을 지우기 위해 방화를 저지른다면 '살인 후 방화'에 해당한다. 이 방법으로 범행을 은폐하는 것은 불가능함에도 살인 후 방화를 저지르는 일은 자주 발생한다. '방화 살인'은 어떤 사람을 죽이려고 의도적으로 불을 저지르는 것으로, 법의학자로 일하면서 이러한 사례를 접한 경우는 매우 드물다.

일산화탄소중독에 의한 빠른 무의식 상태, 고통 없는 죽음은 마리엔펠데에 살던 멜라니가 겪었던 일과 거리가 멀었다. 오히려 그 반대였다. 집 안에서, 그리고 계단에서 움직이면서 그녀의 폐에는 지속적으로 산소가 공급되었다. 우리는 화학 독성 검사를 통해 그녀의 혈액 내 헤모글로빈의 일산화탄소 포화도가 6퍼센트에 불과하다는 사실을 알아냈다. 이는 생명을 위협하는 가스 중독 수준에서 한참 미달인 수치이다. 폐와 기관지의 그을음 역시 많아 보이지 않았으며, 사망자의 근육조직은 화상으로 검게 변한 피부층 아래에서 정상적인 어두운색을 띠고 있었다.

즉, 이 여성은 의식이 있는 상태에서 화상을 입었고 극도의 고통을 겪었을 것이다. 사람은 극심한 고통을 겪으면 어느 순간 정신을 잃기도 한다. 그런데 이 여성의 경우에는 몸에서 분비된 아드레날린과 새로 공급된 산소가 기절하는 것을 막았던 것 같다. 그래서 그녀가 계단을 뛰어 내려갈 만큼 혈액순환이 촉진되었고, 마지막 계단참을 앞두고서야 힘이 빠진 것이다. 그런 그녀를 이불로 구하려고 했던 이웃의 시도는 모범적이었지만 사망자는 심각한 화상을 더 이상 견뎌낼 수 없었다.

현장에서 시신을 살펴보았을 때 팔뚝과 정강이가 좁은 각도로 구부러져 있었다. 화재에 의한 사망자의 전형적인 모습으로 이른바 '투사형 자세'였다. 이것은 죽어가는 사람이 구부리는 자세를 취하는 것과는 상관이 없고, 화재로 인한 신체 변화의 결과이다. 높은 온도 때문에 신체에서 어마어마한 양의 액체 성분이 빠져나가고, 이에 따라 근육이 수축하는데 이때 굴근屈筋(팔꿈치처럼 관절 양쪽의 뼈 사이 각도를 줄이는 근육-옮긴이)이 신근伸筋(관절을 펴는 작용을 하는 근육-옮긴이)보다 더 많이 오그라든다. 투사형 자세로 사망한 시신은 육안으로 보아서는 사망자가 살아 있는 상태에서 화상을 입었는지 혹은 사망 후에 시신이 불에 탄 것인지 확인할 수는 없다. 두 가지 경우에서 모두 나타날 수 있기 때문이다.

화재 때문에 구부러지고 틀어진 시신을 수습하는 건 어려운 일이다. 관이나 플라스틱 소재의 시신 운반용 가방에는 맞지 않는 경우가 자주 있기 때문이다. 접힌 다리를 바로 펴기 위해 누르면 복벽이 찢어지고 내장이 밖으로 나올 가능성이 있다. 몸의 액체가 빠져나가면서 피부도 탄력성을 잃기 때문이다.

마리엔펠데의 소방대원들이 아직 화재를 진압하고 있을 때, 그리고 내가 일요일에 있을 두 건의 힘든 부검을 준비하고 있을 때(초반에 언급한 흉기 사망 사건의 피해자도 부검을 기다리고 있었다), 카를로스는 자수하기로 마음먹었다. 자책이나 후회하는 마음에서? 어림도 없었다. 그는 무관심하고 감정이 없는 것처럼 보였고, 심지어 여자 친구가 그런 일을 당할 만했다는 취지의 말을 늘어놓기까지 했다.

그로부터 몇 달이 지나 감정인으로서 출석한 재판에서 대중들 역시 그가 지닌 인격의 바닥을 들여다볼 수 있었다. 멜라니의 죽음을 둘러싼 수사 과정에서 카를로스가 여성에게 불을 지른 게 처음이 아니라는 사실이 밝혀진 것이다. 도대체 왜 사람들은 무슨 일을 저지를지 모르는 나르시시즘에 빠진 위태로운 사람과 관계를 맺게 되는 걸까? 이것은 개인적으로 슬픈 수수께끼로 남아 있다.

검찰은 이 사건이 살인사건의 다섯 가지 특징 중 네 가지를 충족시킨다고 보았다. 이는 법의학적인 측면에서만이 아니라 법적인 측면에서도 특수한 사건이었다. 또한 심리 감정인은 가해자가 범행 당시 정신이 상당히 온전한 상태였으며, 그가 향후 여성들에게 위험을 초래할 것이라고 보았다. 결국 판사는 그에게 독일 법정 최고형인 무기징역 및 보호감호를 선고했다. 그토록 야만적인 일을 저지른 자가 받아 마땅한 벌이었다.

반면, 초반에 이야기했던 사건으로 돌아오자. 비테나우에서 칼에 맞아 숨을 거둔 피해자는 어떻게 되었을까? 부검이나 수사 과정에서 나타난 결과는 예상했던 바와 크게 다르지 않았다. 이번에도 마약 판매자들이 얽혀 있는 사건이었다. 평소처럼 서로 얽히고설킨 사이에서, 일반적인 부상 유형을 보였다. 하지만 누가, 왜, 어떻게, 그리고 어떤 순서로 상대를 찔렀는지, 자기 방어를 위해 공격한 건지, 아니면 누군가를 살해하려는 의도가 있었던 건지, 결국 수풀 속 남성의 죽음에 대한 책임은 누구에게 있었는지는 끝까지 제대로 밝혀지지 않았다. 아마 두 명의 생존자들은 그저 자기 자신을 변호하기 바빴을 것이다.

Chapter 08

실패한 소생술

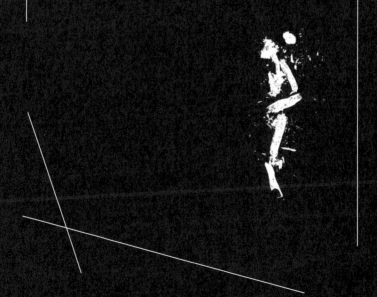

11월의 어느 화요일, 안나는 베를린 북부에 위치한 한 병원 입구에 들어섰다. 그녀는 날씬하고 건강했으며, 배우자와 네 살짜리 딸과 함께 사는 35세 여성이었다. 그녀는 자발적으로 병원을 찾아왔다. 크리스마스를 6주 앞둔 시점에 선천적인 아래턱 기형을 수술하고 싶었기 때문이다. 수술을 권한 것은 그녀의 치과의사였다. 비뚤어진 치아는 미관상으로만 문제가 되는 것이 아니라, 두통이나 이가 빠지는 원인이 될 수 있다고 했다.

　일분일초를 다투며 특정 시점에 반드시 해야 하는 수술이 아닌 경우를 '예정수술elective operation'이라고 한다. 예정수술은 응급 상황에서 받는 수술이 아니기 때문에, 일정을 자유롭게 선택할 수 있다. 나 역시 몇 년 전에 비중격 교정 수술을 받았고, 가을과 겨울마다 찾아오는 편도염이 괴로워 편도샘절제술도 받았다.

하관 기형은 심각한 질환도 아니고 삶에 크게 영향을 미치는 것도 아니었지만, 더 나은 치아를 위해 구강악안면외과 의사의 손에 자신을 맡길지 여부를 결정하는 것은 안나가 가진 권리였다. 코, 가슴, 혹은 어디든 더 나은 모습을 원한다면 자신 마음대로 수술하는 것과 마찬가지다. (예전에 같이 구급차를 탔던 내 친한 친구 중 한 명이 성형외과 의사로 잘나가고 있어서 이런 말을 하는 것은 아니다.)

그리고 구강악안면외과 의사들은 이 젊은 환자를 실망시키지 않았다. 그들은 몇 시간에 걸친 수술이 진행되는 동안 안나의 왼쪽과 오른쪽 하악지(아래턱뼈에서 양쪽 옆에 수직으로 뻗은 부분 – 옮긴이)를 자르고, 그녀의 턱을 5밀리미터 정도 앞으로 당긴 뒤, 어금니 아래쪽 턱에 금속판과 나사를 고정함으로써 그곳에 뼈가 새로 자라나도록 했다. 수술은 합병증 없이 성공적으로 끝났다.

수술 다음 날은 수요일이었다. 비록 얼굴은 심하게 부어올랐지만, 안나는 마취에서 깨어나 의식을 찾았다. 가장 힘든 고비는 넘긴 셈이었다. 그녀는 일종의 치아교정기를 장착했고, 위턱과 아래턱이 같이 고정되어 입을 열지 못하는 상태였다. 처음 며칠은 수술한 아래턱을 절대 움직여서는 안 되기 때문에 취해진 조치였다.

그런데 오후가 되자 안나의 상태가 갑자기 악화되었다. 그녀는 숨이 잘 쉬어지지 않는 것 같은 느낌을 받았다. 마침 안나의 병실에서 삼키기 연습을 진행하려고 했던 의사들은 이 상황을 꽤 심각하게 받아들였다. 구강 내의 부기와 목구멍의 타액, 점액과 같은 것들이 호흡을 어렵게 만들 수도 있었다. 컴퓨터 전선 케이블 정도로 두꺼운 의료용 흡입 카테터를 사용하면, 고정된 치열 사이를 통해 인후에 있는 이물질을 제거할 수 있을 터였다.

그다음 일어난 일은, 사건 이후 (법적 분쟁이 진행된) 3년간 끊임없이 오간 여러 장의 변호사 서신, 수많은 의료 감정서에도 불구하고 불명확하다. 병원 관계자는 그날 오후 4시 5분부터 4시 48분 사이에 어떤 일이 일어났는지에 대해 거의 아무것도 기록해 두지 않았다.

내가 생각하기에 가장 가능성이 큰 시나리오는 다음과 같다. 환자에게 카테터가 삽입되는 동안, 높은 확률로 미주신경vagus nerve에 기계적 자극이 가해졌을 것이다. 미주신경은 쌍으로 이루어진 열두 개의 뇌신경 중 열 번째 뇌신경으로, 다른 무엇보다도 심장박동과 혈압을 조절한다. 위치는 인후 측면으로 목혈관신경집에 둘러싸여 수직으로 내려와 오른쪽, 왼쪽으로 갈라진다. 대략적으로 설명하자면 미주신경은 머리와 흉부, 즉 뇌와 흉부, 그리고 그 안에 있는 모든 것을 연결하는 역할을 한다. 미주신경의 기계적 자극은 빠르게 생명을 위협하는 수준까지 갈 수 있는데, 그 이유는 심장과 폐로 하여금 뇌가 '즉각적으로 정지'하라는 메시지를 전달했다고 '생각'하도록 만들기 때문이다.

어쨌거나 안나는 이날 오후 4시가 조금 넘은 시각, 수술이 문제없이 끝나고 24시간이 지난 시점에 구강악안면외과 병동 침상에서 심정지를 겪는다. 그녀의 심장박동을 측정하는 심전도 모니터에 일직선이 나타났다. 안나의 심박 그래프는 더 이상 굴곡을 그리지 않았고, 혈압도 측정되지 않았으며, 산소포화도는 급격히 떨어지고 있었다.

침대 주변에서 사람들이 분주히 움직였고, 기기에서는 시끄럽고 날카로운 경고음이 울렸다.

삐-.

마치 영화처럼.

비상사태.

드라마의 한 장면 같은 순간이지만 병원에서는 일반적으로 마주칠 수 있는 상황이다. 수술을 받고 병원에 누워 있다가 심정지를 겪는 일은 충분히 발생할 수 있다. 안나는 다행히 무사할 수 있는 최상의 조건을 갖추고 있었다. 그녀는 젊었으며, 건강했고, 혼자가 아니었다. 안나의 주변에는 네 명의 숙련된 의사들이 있었다. 전문 기기, 약물, 의료진이 그 자리에 있었다. 즉시 심폐소생술이 시작되었다. 의사는 가장 먼저 필수적인 조치인 흉부 압박부터 시작했다. 그렇게 함으로써 안나의 온몸에 혈액이 계속 공급되도록 했다. 그다음 단계는 혈액이 풍부한 산소로 채워지는 것이다. 그렇게 해야 모든 장기가 지속해서 살아 있을 수 있다.

위와 아래턱이 서로 맞물려 고정된 환자의 경우, 어떻게 입을 통해 신선한 산소를 공급할 수 있을까? 답은 간단하다. 교정기의 철선을 잘라 구강과 기관氣管에 접근해야 한다. 그러면 후두를 통해 기관 안으로 튜브를 연결(삽관)할 수 있다. 당연한 말이지만, 안나는 악안면 교정술을 마치고 소생술을 받아야 했던 최초의 환자가 아니었다. 이 수술을 받은 환자들의 경우, 의사나 간호사가 신속하게 소생술을 할 수 있도록 와이어 커터를 줄에 매달아 목에 걸도록 되어 있다. 긴급 상황에서 재빠르게 알맞은 도구를 손에 넣을 수 있기 때문이다. 앞서 말했듯, 병원에서는 갑작스러운 심정지 상태에 대비할 수 있도록 항상 준비되어 있다.

일반적으로는 그렇다.

그런데 안나의 경우, 와이어 커터가 제자리에 준비되어 있지 않았다. 그녀의 목에는 아무것도 걸려 있지 않았다. 그럴 수 있다. 괜찮다. 이 또한 해결 가능한 상황이다.

그전에 마취과 의사들이 흔히 하는 말을 하나 알아야 한다.

"삽관을 하지 않았다는 이유로 사망한 사람은 아직 아무도 없다. 하지만 인공호흡을 하지 않아 사망한 환자들은 많다."

인공호흡은 삽관 외에 다른 방법으로도 가능하다. 예를 들면 앰부주머니ambubag로 간단하게 마스크를 입에 갖다 대고 공기주머니의 도움을 받아 구강에 공기를 밀어 넣는 식으로도 가능하다. 항상 잘 통하는 방식은 아니지만, 기본적으로는 가능한 방법이다.

물론 전형적 방식인 '기관 내 삽관'이 더 나은 방법이었던 것은 맞다. 기관 내 삽관을 위해서는 일종의 작은 금속 괭이 형태를 한 간단한 삽관 도구를 환자의 입안에 조심스럽게 넣기만 하면 된다. 이것으로 혀를 살짝 들어 올리고, 후두가 보이면 그곳을 통해 기관으로 튜브를 넣는다. 나 또한 응급구조사로 일하던 시절에 수십 번 실시한 적이 있는 방법이다. 이렇게 하면 혀가 공기의 유입을 막지 않아서 산소가 바로 폐로 들어간다. 그래서 기관 내 삽관은 통제할 수 있으면서도 안전하게 인공호흡을 실시하는 가장 확실한 방법으로 꼽힌다.

하지만 수술 이후 매우 부어 있던 안나의 닫힌 입은 쉽게 열리지 않았고, 결국 삽관은 불가능했다. 대안이었던 주머니형

호흡 보조 기구는 갑작스러운 비상 상황에서 아무도 떠올리지 못했던 것 같다. 혹은 안나의 턱이 너무 부어 있어서 쓸 수 없었을 수도 있다.

어떤 이유에서였든, 그 자리에 있던 네 명의 의사들은 그 순간 가장 외과적이었을 방법인 기관절개를 택했다. 비상시에 기관을 절개해 목의 작은 구멍을 통해 직접 튜브를 연결하는 방법이다. 목에는 기관절개에 적합한 위치가 두 곳이 있다. 하나는 후두 바로 위, 갑상연골과 반지연골 사이에 놓여 있으며 라틴어로는 'ligamentum cricothyroideum'라고 부르는 윤상갑상인대다. 여기가 이상적인 위치인 이유는 이곳에서 '윤상갑상막절개cricothyrotomy'를 실시해도 다치는 혈관이 없기 때문이다. 군의관이나 원양 함대의 함장들은 병사나 선원의 생명을 구하기 위해 연필로 구멍을 뚫기도 했다. 이는 해부학적으로는 안전한 선택이다. 먼저 그 위치를 놓칠 가능성이 거의 없고, 치명적인 출혈을 일으킬 일도 없기 때문이다. 그래서 이 방법에 대한 지식은 오늘까지도 군인과 구급대원들에게 전해지고 있으며, 실습에도 포함된다. 다른 사람의 목 한가운데 구멍을 뚫는다는 건 굳은 마음이 필요한 문제지만, 간단한 설명을 듣고 나면 (어쨌거나 이론상으로는) 누구나 할 수 있다.

안나에게는 호흡을 위해 후두에 개구부를 만드는 것이 분명 좋은 대안이었을 것이다. 하지만 그 자리에 있던 의사들은 이

보다 훨씬 더 복잡한 방식의 기관절개술tracheostomy 을 택했다. (환자의 목이 짧고 턱 수술 때문에 한층 더 부어 있어서였을까?) 이 경우에는 양 쇄골보다 약간 위쪽에 절개가 이루어진다. 간혹 목 아래에 이 수술로 생긴 특징적인 좁은 흉터가 있는 사람들을 볼 수 있다.

긴급한 상황에서 기관절개술을 실시하는 건 의학적으로 매우 이례적인 일이다. 절개 자체가 작은 수술이며 혈관을 손상시킬 수도 있기 때문이다. 일반적으로는 이 위치에 기관절개술을 하는 건, 예를 들면 코로나19의 감염으로 인한 중증 환자여서 오랜 시간 인공호흡을 해야 했던 정도이다. 기관 내 삽관, 즉 입을 통해 삽입된 튜브로 오랫동안 호흡을 하면 문제가 생기기 때문이다. 기관의 연화에 따른 점막 손상 등이 있다. 그래서 병원에서는 기관 내 삽관으로 며칠 지낸 후 기관절개술로 넘어간다. 하지만 일분일초가 중요한 소생술에서는 보통 그렇게 하지 않는다.

물론 기관절개술이 성공적이었다면, 누구도 별말을 하지 않았을 것이다. 그러나 절개술은 잘되지 않았다. 전반적으로 너무 소란스러운 분위기였고 의사들은 메스를 너무 높은 곳에 대었고, 후두와 쇄골 사이 어딘가를 절개했다. 상황은 다시 바쁘게 돌아갔고, 마침내 환기가 이루어졌다. 하지만 의사들은 안나의 폐로 공기가 제대로 들어가지 않는다는 사실을 깨달았다. 기도 저항이 너무 높았다. 무언가 잘못되고 있었다. 안나의 목에 연결된 튜브의 위치가 분명 잘못된 것 같았다. 다시 한번 같은 이야기를 하자면, 이 또한 발생할 수 있다. 더 중요한 사실은, 이 문제 또한 바로잡을 수 있는 일이었다. 안나의 생명을 구할 가능성은 아직 남아 있었다. 하지만 그다음에 저질러진 실수는 만회하기 어려웠다.

튜브의 위치를 바로잡으려는 두 번째 시도 역시 잘못되고 만 것이다. 이번 시도로 튜브가 환자의 기관을 관통했다. 튜브의 끝부분이 그 뒤에 놓인 조직과 맞닿은 것 같았다. 흉부 압박이 계속되는 동안, 안나는 이제 인공호흡기를 연결해야 했다. 기계는 생명의 신호를 보이지 않는 몸 안에 산소를 공급했다. 그러나 안타깝게도 산소는 들어가야 할 곳으로 들어가지 못했다. 심지어 여기까지도, 있을 수 있는 일이다. 아직까지는 이 모든 실수가 무조건 치명적인 것은 아니었다. 그저 제대로 대응하면 될 일이었다.

하지만 안나의 침상에서는 바로 그 조치가 취해지지 않았다. 그것이 문제였다. 응급의학에서 소생술은 가장 긴박하고 위기가 고조된 단계에서 시행된다. 소생술은 생사를 가르는 문제이다. 그러한 이유에서 나 외에도 많은 사람이 산부인과의사든, 외과의사든, 정형외과의사든 상관없이 의사라면 누구나 결정적인 순간에 필요한 조치와 도구에 익숙해져야 한다고 오랫동안 주장해 왔다. 구급대와 중환자실 의료진뿐만 아니라, 의료 전문가라면 적어도 환자가 위급한 상황에서 구급 전문가에게 인계하기 전까지의 최초 10분을 버틸 수 있어야 한다. 올바른 소생술을 연습하고, 연습하고, 또 연습해야만 한다. 그리고 그에 필요한 지식과 기술을 주기적으로 반복해서 습득해야 한다. 그러나 안타깝게도 이 지침이 항상 지켜지는 것은 아니다. 안나가 입원해 있던 구강악안면외과 병실에서 의사들이 계속 중대한 실수를 저질렀던 것도 바로 이런 이유이다.

사실 호흡 튜브가 잘못된 위치에 놓였다는 사실을 알려주는 매우 효과적인 제어 메커니즘이 있다. 바로 날숨의 이산화탄소 함량을 측정해 주는 소형 측정기이다. 원칙에 따르면, 우리가 신선한 산소를 풍부하게 공급하면 그에 상응해 인공호흡에 따라 사용된 공기가 폐 밖으로 풍부하게 나와야 한다. 이산화탄소의 특정 수치 또는 그래프를 통해 의사는 알맞은 조치를 한 것인지, 호흡 튜브가 제대로 끼워져 있고 인공호흡이 잘 이뤄지고 있는지를 확인할 수 있다.

하지만 안나를 태운 차는 연달아 빨간 신호를 무시하며 달리고 있었다. 원래대로라면 호흡 튜브를 통해 이산화탄소 함량을 측정할 수 있었고, 아니, 반드시 측정해야만 했다. 그리고 호흡 튜브를 다시 한번 뽑은 뒤 제대로 된 위치에 연결하기 위한 세 번째 시도를 할 수도 있었다. 즉, 의사들은 여전히 조치를 취할 수 있었다.

　그러나 이 긴급한 상황에서 누구도 자신이 내린 결정을 비판적으로 바라보고 계획을 바꾸려 하지 않았다. 그 대신 안나는 호흡 튜브가 잘못 꼽힌 상태에서 거의 45분간 소생술을 받았다. 결과는 당연히 실패였다. 생존에 필요한 산소가 폐에도, 혈액에도 공급되지 않았기 때문이다. 게다가 소생술이 진행되면 될수록, 체내 압력은 점점 높아졌다. 잘못 배치된 호흡 튜브를 통해 강제로 유입된 공기가 처음에는 높은 압력에 의해 기관 뒤 두 허파 사이 '종격mediastinum'이라고 불리는 곳에서 퍼지다가, 그 후엔 모든 조직층을 통해 흉강으로 밀어 넣어졌다. 이곳에서 결국 폐엽을 압박하기에 이르렀다. 폐엽은 압력에 의해 계속 납작하게 눌리다가, 마지막에는 작은 조직 더미로 압축되고 말았다. 이런 상황이라면 누구라도 살아남을 수 없었을 것이다.

　안나가 본인의 발로 정문을 통해 병원에 들어온 지 이틀 만에 그녀는 관에 누운 상태로 후문을 통해 병원을 나서야 했다. 그리고 이제 '의료과실(사람의 죽음을 주제로 이야기할 때는 드물게 등장하는 단어이지만, 법의학에서는 통용되는 개념이다)' 문제가 대두되었다. 과연 의사에게 책임이 있는 걸까? 검찰이 기소해야 하는 사건인가?

　부검에서 가장 먼저 눈에 띄었던 사실은, 마치 펌핑된 것처럼 시신이 크게 부풀어 있었다는 점이었다. 얼굴도 부어 있었고, 누운 상태에서도 배가 위로 솟아 있었으며, 몸통은 만졌을 때 비빔소리가 났다. 전산화단층촬영을 통해 확인해 보니, 몸 전체 연조직에서 작고 검은 반점들이 나타났다. 그곳에 있으면 안 되는 기포들이었다. 그뿐만 아니라 폐와 흉막 사이에서도 다량의 공기가 발견되었다. 근육, 피하지방조직을 포함한 모든 곳이 마찬가지였다. 인공호흡이 제대로 이뤄진 사람의 신체라면 이런 모습일 리가 없었다. 흉강에는 많은 양의 공기가 유입되어 있었다. 우리는 심각한 '연조직 폐기종'을 동반한 긴장성기흉이라고 결론지었다. 그 원인은 전산화단층촬영 덕분에 빠르게 밝혀졌다. 기관의 뒷벽을 통해 밀어 넣은 호흡 튜브가 명확하게 확인되었다.

캐뉼러cannula(몸 속에 삽입하는 튜브로 액체나 공기를 통하게 하기 위한 의료기구 - 옮긴이)가 여전히 환자의 목에 연결되어 있었기 때문에, 우리는 기관절개가 어느 부위에 이뤄졌는지도 확인할 수 있었다. 불확실한 이유로 사망한 경우, 혹은 자연사가 아닌 죽음이 발생한 경우에는 누구도 시신의 상태를 바꿔서는 안 된다. 죽음 당시에 삽입된 것도 제거해서는 안 된다.

며칠 후 부검 감정서가 완성되었다. 심정지의 원인이 아마도 미주신경 자극이었으리라고 추정한 것은 병원 기록을 근거로 재구성한 결과였다. 안나의 마지막 순간과 관련된 많은 정보가 우리에게 전해지지 않았다. 소생술 실시 전과 시행 중에 취해진 모든 조치와 사용된 모든 약물과 관련해 몇 페이지에 걸친 정보가 우리 앞에 놓여야 하는데, 의심스러울 정도로 부족하지 않나 싶었다. 우리는 직접 발견한 것에만 의존해야 했다.

우리가 내린 결론이 큰 관심을 끌고 파장을 일으킬 것이라는 사실을 알고 있었다. 의료계 동료들을 상대로 중대한 의혹을 제기하는 것이었기 때문이다.

"담당 의사가 긴박한 응급 상황에서 호흡 튜브가 잘못된 위치에 삽입되어 있다는 사실을 알아채지 못한 것은 법의학적인 관점에서 납득하기 어렵다. 특히 담당 의사는 공기 유입에 의한 심각한 연조직 폐기종을 알아챘어야 했다. 성과 없는 환기에 즉각 대응했어야 했다."

우리의 소견으로 안나의 심정지는 극복 가능한 문제였다.

"관련된 기저질환이 없었던 것으로 보아, 환기 문제가 적시에 발견되고 조치가 취해졌다면 여성의 소생술은 성공했을 것으로 가정해야 한다. 즉, 환자는 소생술 과정에서 잘못된 의료 개입으로 사망했다."

이는 과실치사 혐의를 의미하는 것으로, 큰 반발을 불러일으킬 수 있는 주장이었다. 검찰은 곧바로 수사에 착수했다. 마찬가지로 병원과 의료팀 측에서는 위의 주장에 반박할 전문 감정인과 변호사를 투입했다. 연구소에서는 길고 혹독한 의료과실 소송에 대비했다. 상대편은 분명 우리를 점잖고 조심스럽게만 대하지는 않을 것이었다. 하지만 이 또한 법의학자로서 받아들여야 할 일이다. 의사들은 모두 같은 집단에 속해 있으니 서로 건드리지 않으리라고 생각한다면, 그것은 착각이다. 법의학자들은 원칙적으로 중립을 지키는 사람들이다. 우리는 누구에게 혐의가 있는지와 관계없이 사망 원인을 찾아야 한다. 반대로 우리는 동정심이나 개인적인 정의감과는 무관하게, 용의자가 혐의를 벗는 데 일조하기도 한다.

오해를 막기 위해 반드시 다음의 말을 덧붙여야겠다. 안나의 사건은 완전히 예외적인 경우였다. 의사들이 항상 치명적인 실수를 저지르는 것은 절대 아니다. 오히려 이 일을 하면서 실제 의료과실을 마주치는 경우는 거의 없었다. 그에 비해 의료과실 혐의를 다뤘던 경우는 자주 있었다. 유족들은 이에 대해 다르게 생각할 수도 있지만, 통계적으로 보았을 때 중증 환자나 심각한 부상을 입은 환자의 경우 병원에서 잘못된 치료를 받는 일은 드물다. 그것은 우리가 베를린에서 매년 의료과실의 가능성을 입증하기 위해 실시하는 수십 건의 부검에서도 알 수 있다. 대부분의 경우 다른 이의 잘못에 의한 사망을 가리키는 단서 없이 종결

된다.

유족들이 이 사실을 인정하고 싶지 않은 마음을 이해한다. 깊은 상실감이 들고, 비난할 사람을 찾고 싶을 것이다. 왜 하필 그 사람이 죽어야만 했는지, 무능한 의사, 잘못된 약물, 병원의 불충분한 조치, 혹은 과로한 간호사들의 잘못 때문이 아닐까 묻고 싶을 것이다.

그런 상황에서 부검은 옳은 결정이다. 나는 의사들에게 '사망 원인이 불분명'한 경우에 있는 그대로 적는 것을 주저하지 말라고 말한다. 특히 유족이 누군가에게 사망의 '책임'이 있지 않을까 의심을 표명할 때는 더욱 그렇다. 경찰이 출동해 시신을 압수하면, 모든 의문이 부검을 통해 해명될 가능성이 크기 때문이다. 결과를 보면 유족들은 빠른 확신을 갖게 되고, 거의 백 퍼센트 가까운 확률로 의료진은 혐의를 풀게 된다.

반면, 시신이 이미 화장되고 유족이 몇 주 혹은 몇 달이 지나서야 의혹을 제기하면 (이 또한 자주 있는 일이다) 검찰은 병원에서 근무 일지와 환자들의 파일을 압수하는 것밖에 할 수 있는 일이 없다. 누가 언제 무엇을 했거나, 하지 않았을까? 이러한 경우 법의학자들은 매우 제한된 정보를 바탕으로 사건에 대한 감정서를 제출해야 한다. 이는 시신이 없으면 쉽지 않은 일이다. 그러한 의료과실 혐의가 법정까지 가는 경우도 드물지 않다. 그 사건과 관련이 있는 모든 이들에게는 악몽이나 마찬가지이다. 유족들은 사랑하는 사람을 완전히 떠나보낼 수 없고, 의사들은 수년 동안 마음 한편에 법적인 부담을 안고 살아야 한다.

그러나 안나의 상황은 완전히 달랐다. 소생술에 실패하고 나서 오랜 시간이 지나지 않아 (의사들은 오후 4시 48분에 사망 선고를 내리고 '사인 불명'으로 기록했다) 그녀의 시신을 자세히 검시할 수 있었다. 그리고 이번에는, 확신하건대, 의사들이 중차대한 실수를 저질렀다. 그것은 현시점에서 무엇을 의미할까? 일단 지금부터 많은 문서와 서류가 오고 가야 함을 의미했다.

수개월이 흘렀다. 안나의 배우자가 자신의 아내를 그리워하고, 그녀의 어린아이가 매일 엄마를 찾는 동안, 사건은 검사와 변호사, 감정인 사이의 싸움으로 번졌다. 법의학자로서 같은 분야의 전문 단체를 지목할 때 이러한 결과는 항상 염두에 두고 있어야 한다. 그래서 우리는 의료사고 분쟁을 맡게 되면 검찰에 임상 전문가에게 추가로 감정을 받으라고 권하는 편이다. 이는 우리가 법의학적으로 발견한 것들을 전문가를 통해 다시 정리하기 위함이다. 물론 임상에서 발생하는 모든 까다로운 과정과 징후를 모두 알고 있거나 모든 질문에 답할 수 없기 때문이기도 하다. 좋은 법의학자라면 스스로 이 사실을 알고 있다. 진정한 장인은 자신의 한계를 아는 법이다. 이 진리는 법의학에서도 통용된다.

예를 들면 환자가 사망에 이른 복부 수술과 관련한 소송이 진행 중일 때, 뛰어난 복부 외과의사가 감정인으로 참석해 있다면 내가 맞은편에 앉아도 법적으로 진상을 규명하는 데는 도움이 되지 않는다. 어쨌든 나는 그런 상황에서 "우리 부쉬만 선생님은 얼마나 많은 복부 수술을 진행해 보셨습니까?" 같은 질문을 듣고 싶지 않다. 살면서 단 한 번도 복부 수술을 진행한 적이 없기 때문이다. 그리고 그래야 하는 것도 아니다. 어떤 복부 수술이 잘못 시행되었고 그것이 환자가 사망하는 데 원인이 되었다는 의심이 있거나, 이를 뒷받침할 만한 근거가 있다면, 복부 외과의사는 감정서를 통해 법정에서 이를 확인해야 하는 법이다.

하지만 안나의 사건은 임상 전문가의 의견이 필요하지 않았다. 부검 결과가 너무나도 명확했다. 그럼에도 상대편은 나의 자격 요건에 대해 공개적으로, 그리고 큰 목소리로 의문을 제기했다. 나는 나의 부족한 의학 지식에 대한 경멸적인 문장들을 수없이 읽었다. 부검 감정서의 모든 문장에는 과한 의미가 부여되었고, 그들의 말에 따르면 감정서 곳곳에는 우리가 왜, 무엇 때문에 안나가 사망했는지 모른다는 암시가 숨어 있었다. 잘못과 책임에 대해서는 아무것도 알고 싶어 하지 않았다. 단지 비극적인 사고일 뿐이었다는 것이다.

그다음으로는 그들의 킬러 프레이즈가 뒤따랐다. 그 의미만 옮기자면 이렇다. 맞다, 몇 가지가 잘못되었다. 우리도 인정한다. 하지만 그것은 시신 한 구에만 적용된다. 소생술에서는 생명을 위협하는 실수를 할 수 없기 때문이다. 환자는 이미 사망한 상태이지 않은가! 그리고 한 번 사망한 사람을 또다시 죽일수는 없다. 맞는 말이다. 임상적으로 안나는 이미 심혈관 정지로 사망한 상태였다. '생명이 없는' 사람들만이 '소생'한다. 하지만 안나는 (이 부분이 법적으로 미묘해지는 부분이다) 절대 확실히 '사망'한 상태는 아니었다. 사람이 사망하려면, 일단 올바르게 수행된 소생술이 성공하지 못했거나, '확실한 사망 징후(시반, 사후경직, 부패, 혹은 참수와 같이 명백하게 생존이 불가능한 부상)'가 있어야 한다. 또 사람이 법적으로 사망하려면 두 명의 의사가 서로 독립적으로 뇌사를 판정해야 한다.

그럼에도 상대편은 이 주장으로 분위기를 자신 쪽으로 돌리는 데 성공했다. 그들이 주장하는 이야기는 내가 구급대 훈련을 할 때도 인용하는 문장이었기 때문이다. 소생술에서 잘못이라는 건 없다. 갈비뼈가 부러질 수도 있고, 간이 망가질 수도 있으며, 심장이 찢어질 수도 있다. 환자를 살리기 위해 그 자리에 투입된 사람들은 그 순간 목표를 위해 최선을 다하는 것이므로, 모든 것은 용납된다. 오랜 시간 지속되는 흉부 압박은 사실 엄청난 흉부 둔상이나 다름없다. 일부 환자들은 마치 트럭에 치인 것 같은 모습을 하고 있다. 하지만 그 모든 것이 괜찮다.

그도 그럴 것이, 비상 상황에서 아무것도 하지 않는 것은 대안이 아니기 때문이다. 그것은 확실한 죽음만을 의미할 뿐이다. 반면 소생술은 모든 수단과 방법을 동원해서 심혈관 정지 상태를 최대한 빨리 끝내고자 하는 것이다. 그 상황에서 손 놓고 기다리기만 한다면, 환자는 반드시 죽는다. 대담하게 행동을 취하면, 환자는 살 수도 있다. 그 과정에서 몇 가지가 잘못된다고 해도 말이다. 구할 수만 있다면, 모든 것이 옳다.

해당 병원의 의사들은 이 신체의 소생을 위해 실수할 권리를 자신들에게 적용했다. 하지만 내 생각에 이는 틀렸다. 그들은 이 주장으로 연막탄을 피웠을 뿐이다. 안나의 사건은 일반적으로 소생술이 시행되는 상황과 완전히 다른 상황이었기 때문이다. 그녀는 심각한 교통사고를 당한 것도 아니고, 열차 앞으로 뛰어들거나 복부를 흉기에 찔린 것도 아니다. 도움의 손길을 기다리며 길거리에 쓰러져 있었던 것도 아니다. 그녀의 심장은 치명적인 출혈 때문에 뛰기를 멈춘 것이 아니고, 몸에서 천천히 힘이 빠져나가서 호흡이 끊긴 것도 아니다. 기억하다시피 안나는 어떤 질환도 앓고 있지 않았고 젊고 건강했고 수술도 합병증 없이 잘 끝마쳤고, 단지 아래턱에 금속 나사가 박혀 있던 여성이었다. 추측하자면 그녀의 심정지는 점액 흡입으로 인해, 여러 경험 많은 의사들이 있는 자리에서 발생했다. 병원이 갖추고 있는 장비나 기술적인 전제 조건들은 더할 나위 없이 좋았다. 이에 관해 우리는 부검 감정서에 다음과 같이 적었다.

"안나의 부검에서는, 서술되었던 매우 유리한 조건에서 시행된
소생술의 성공 가능성이 희박해질 만한 의학적 근거가 나오지
않았다. 오히려 환자는 심장이 건강하고 젊은 여성이었고, 의사
들이 살피던 중에 발생한 심정지이므로 소생 시도의 빠른 성공
을 기대할 수 있었다."

그녀는 큰 어려움 없이 살아남을 수 있었다. 그러나 상대편
은 이를 다르게 보았다. 안나가 사망한 지 3년이 지나고, 양측의
의견 차이는 전혀 좁혀질 기미가 보이지 않던 차에, 이 사건은
민법상 합의라는 놀라운 반전을 맞았다. 안나의 배우자가 자신
의 변호사와 함께 병원에 위자료를 요구했다. 대략 다섯 자리 숫
자 금액 어딘가에서 합의를 보았던 모양이다. 독일에서 사람의
목숨은 그만큼의 가치를 지닌다는 쓸쓸한 결론만 남았다. 미국
이었다면 유족에게 아마도 수백만 달러가 지급되었을 것이다.
이로써 배우자는 '진정'되었고, 병원의 입장에서 이 사건은 명시
적으로 어떤 형태의 유죄 인정 없이, 적어도 민법상으로는 해결
되었다. 보상의 지급은 그 비극적인 상황에 대한 위로로 마무리
되었다.
얼마 후 검찰 역시 파일을 닫고 '형사소송법 170조 2항에

따른 혐의 불충분'으로 사망 사건 수사를 중단했다. 수년에 걸쳐 감정인들 사이의 값비싸고 격렬한 법정 논쟁이 이어졌지만 안나가 살아서 돌아오지 못하리라는 사실에는 변함이 없다.

Chapter 09

죽음으로 끝난
관계

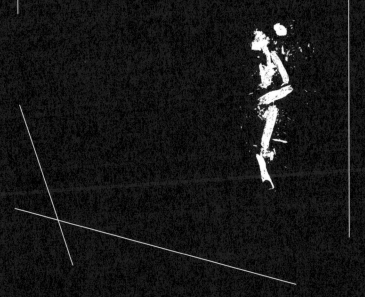

내가 가장 좋아하는 장소 중 하나는 우리 집에서 모퉁이만 돌면
있는, 꾸밈없는 모습의 베를린 스타일 주점이다. 나는 수년 전부
터 그곳을 자주 찾는 이들을 알고 있었다. 안타깝지만 그중 몇몇
은 내 부검대에 오르기도 했으니 베를린이 그렇게 큰 도시는 아
니었나 보다. 그중 한 명은 정말 흥미로운 인물이었다. 그는 마
르고 수척한 알코올중독자였지만, 항상 단정한 모습을 갖추고
있었으며 매우 내성적이었다. 우리는 그를 '마니'라고 불렀는데,
알고 보니 그건 그의 별명이었다. 그는 언제나 큰 재킷을 걸치고
있었는데 맥주는 그에 비해 작은 잔에 마셨다. 그가 무례하게 굴

었던 경우는 전혀 없었다. 오히려 그 반대로, 아주 철저하고 세심한 모습을 보였다. 마니는 우리에게 자신의 다사다난한 인생 이야기를 들려주기도 했지만, 그것도 누군가가 물어볼 때만 말했다. 그는 동베를린 출신으로 베를린장벽이 무너지기 전에는 고급 호텔에서 도어맨으로 일하다가, 이후 외환거래에 몰두하게 되면서 결국 동독의 슈타지Stasi (구동독의 국가안전부 – 옮긴이) 감옥에 수용되었다고 했다. 그가 바에서 즐겨 앉았던 자리는 카운터 바로 근처, 커다란 야자수 아래였다. 그런데 언젠가부터 그 자리가 비어 있었다.

그는 자신의 집에서 사망한 지 며칠이 지난 상태로 발견되었다고 했다. 게다가 그를 부검했던 것은 나였다. 부검대에 오른 시신은 심하게 부패한 상태였고, 그는 나에게 본명을 말해준 적이 없었기 때문에 부검 당시에는 그를 알아보지 못했다.

나는 이 세상에 술이 없으면 대부분의 공기관, 특히 안전, 질서 유지, 의학 분야와 관련된 기관의 반은 문을 닫아도 될 것이라고 확신한다. 물론 여기에는 법의학도 포함된다. 우리가 매일 부검하는 시신 중 많은 비율이 생전에 다양한 중독을 앓았고, 그중 대부분은 알코올중독이었다. 구급대의 상황도 크게 다르지 않다. 사람들이 과도하게 술을 마시지 않는다면 구급차가 출동할 일도 반으로 줄어들 것이다. 이 생각은 나의 개인적인 경험만을 바탕으로 한 것이 아니다. 독일역학중독조사기관ESA에 따르면, 독일에서는 160만 명이 알코올에 의존하는 것으로 집계된다. 매년 독일에서 사망하는 약 90만 명 중, 약 7만 4천 명의 사망 원인이 알코올 때문인 것으로 파악된다.

의학 공부를 마치기 직전의 임상 실습 기간 중 몇 달 동안 한 병원의 내과 병동에서 일한 적이 있다. 나는 그때 좌절감을 많이 느꼈다. 그곳의 환자들은 대부분 두 부류로 나뉘었는데, 한쪽은 중증 환자와 나이 든 환자였고 안타깝게도 의학적인 관점에서 볼 때 그들에게 도움을 줄 수 있는 치료법은 많지 않았다. 반면, 다른 한쪽에는 원래 매우 건강했지만 알코올의 손을 빌려 자신을 파괴하려는 사람들이 있었다. 이 환자들이 스스로에게 어떤 결과를 초래하는지 인식하지 못하고 계속 병을 키우는 행동을 하면, 의사도 그들을 도울 방법은 없었다. 그리고 실제로 그 사실을 인지하는 사람들은 정말 드물었다. 그런 상황은 나를 큰 회의감에 빠뜨렸다. 스스로에게 '내가 옳은 일을 선택한 게 맞을까?'라는 질문을 던졌다. '왜 선장이나 음악가가 되지 않은 거지?'

음주와 관련한 그 많은 죽음 가운데에서도 지금부터 서술할 이 사건이 특히 기억에 남는다. 그만큼 일반적이지도 않고, 믿기도 어려운 사건이기 때문이다.

36세의 카타리나는 결혼을 약속한 사람이 있었음에도, 직

장 동료이자 전처와의 관계를 완전히 정리하지 못한 47세의 마
티아스와 바람을 피우고 있었다. 그들은 가끔 주말에 만나 재밌
는 시간을 보냈다. 둘은 외모가 출중하고, 인생을 즐겼다. 카타
리나는 베를린에 살지 않았기 때문에 집에는 세미나에 참석한
다고 얘기해 두었다. 그래서 그녀가 금요일 오후 베를린행 비행
기에 탑승했을 때, 아무도 그녀를 의심하지 않았다. 신사인 마티
아스는 공항으로 그녀를 마중 나왔다. 그는 세련된 동네에 위치
한 널찍한 고층 건물에 살고 있었다. 건축가라는 직업을 가지고
있는 그는 그만큼 좋은 집의 월세를 낼 만한 능력이 있었다. 마
티아스의 집에 도착하자마자, 카타리나는 먼저 샤워를 하러 갔
다. 마티아스의 집 근처에는 수많은 바와 카페, 레스토랑이 있지
만 둘은 그날 저녁에 외출할 생각이 없었다. 대신 그들에게는 다
른 계획이 있었다. 샴페인, 콜라와 럼, 레드불, 보드카, 코카인, 섹
스. 꼭 이 순서대로 할 계획은 아니었지만 이 모든 것을 가능한
한 많이 할 생각이었다.

　그들의 사적인 파티는 이른 아침까지도 계속되었다. 그런
데 토요일 오전 어느 시점부터 카타리나는 속이 좋지 않았다. 작
은 몸집, 짧은 금발의 카타리나는 화장실과 거실 바닥에 여러 번
구토를 했다. 정오 무렵, 그 둘은 잠을 자기 위해 누웠다. 카타리
나는 베개와 이불을 가지고 침실로 갔지만 침대 위가 아닌 침대
옆 바닥에 누웠다. 사건이 발생하고 난 후 처음에는 머뭇거리던

마티아스가 털어놓은 바에 의하면, 그는 "카타리나가 침대에도 토할까 봐" 걱정이 되어 바닥에 눕혔다고 했다. 그리고 자신은 침대 위에 누워 잠을 청했다.

몇 시간이 지나 오후쯤 되어 마티아스는 잠에서 깼다. 카타리나는 침대 옆에 등을 대고 누워 있었으며, 여전히 취한 상태로 잠을 자는 것처럼 보였다. 그런데 자세히 보니 무언가 이상했다. 그녀의 얼굴은 얼룩으로 덮여 있었다. 마티아스는 그녀를 깨워 보려 했지만 실패했고 곧바로 패닉 상태에 빠졌다. 신고가 소방 구급대에 접수된 것은 늦은 오후였다. 긴급 전화를 걸기 전에 그는 친구에게 전화를 걸어 조언을 구했는데, 카타리나가 독일 여권을 갖고 있지 않았고 독일 보험에도 가입되어 있지 않았기 때문이었다. "구조대에 신고했을 때 그게 문제가 될까?" 이 질문에, 그의 친구는 단 하나뿐인 정답을 외쳤다. "지금 당장 112에 신고해!"

내가 늦은 저녁에 그 집을 찾았을 때도 아직 광란의 흔적이 남아 있었고, 모든 것이 어질러진 상태였다. 도처에는 옷들이 흩어져 있었고, 거실과 부엌에는 셀 수 없이 많은 빈 병이 굴러다니고 있었으며 마룻바닥에는 어두운 빛깔의 털 뭉치가 이곳저곳에 놓여 있었다. 사망한 젊은 여성은 침대와 서랍장 사이 침실 바닥에 반쯤 가려진 채로 누워 있었다. 첫눈에 보기에, 시신에는 상처가 없어 보였으며 얼굴에만 둥근 형태로 붉은 자국들이 눈에 떠었다. 목이 졸리거나 무언가에 짓눌려 질식사한 걸까?

즉시 그 의심을 거둘 수 있었다. 점상출혈點狀出血, 즉 울혈성鬱血性 출혈은 그와는 다른 모습을 띤다. 그 원리는 간단하다. 산소가 부족한 혈액을 뇌에서 심장 방향으로 운반하는 정맥은 상대적으로 목에서 바깥쪽으로, 피부 아래 가까운 쪽으로 뻗치게 된다. 반면 심장박동을 통해 산소가 풍부한 혈액을 뇌 쪽으로 운반하는 동맥은 경추 가까이 목 안쪽으로 상당히 멀리 뻗어 나간다. 예를 들어 누군가가 손으로 세게 조이는 등의 이유로 목 바깥쪽에서 안쪽으로 눌리면, 혈액이 일정 시간 동안 머리 쪽으로 흘러가기는 하지만 나오지는 않는다. 그래서 흐름이 막히기 시작한다. 그 결과 목숨이 위태로울 정도로 목이 졸리거나 무언가에 짓눌린 사람들은 얼굴이 푸르스름한 붉은색을 띤다. 혈액은 결막, 구강점막, 얼굴 피부 같은 특정 지점에서 점의 형태로 마치 벼룩에 물린 자국처럼 피부 속에서 누출된다. 이러한 현상은 20초에서 30초 후부터 나타난다. 원래는 점의 형태인 출혈이 모여서 흐르면 넓은 면적에서 나타날 수도 있다. 그러나 그 흔적은 일반적으로 상체가 아닌 목 또는 목의 윗부분에서만 나타난다. 침실 바닥의 시신은 그와 같은 징후를 보이지 않았다.

이 여성은 목 아래쪽과, 흔히 데콜테décolletée라고 부르는 목부터 가슴 상층부에 이르는 부위에서 얼룩이 발견되었다. 그녀가 살아 있을 때 생긴 피부의 변화가 아니라는 사실을 첫눈에 알아볼 수 있었다. 그에 대한 생명의 반응, 즉 딱지나 붉어짐의 흔적이 없었기 때문이다. 볼과 코, 목의 얼룩은 산성 토사물이 여성의 얼굴 위로 흘러서 생긴 피부의 연화, 즉 짓무름일 가능성이 컸다. 위장은 기본적으로 낮은 수소이온농도지수pH를 나타내 산성을 띤다. 죽은 사람의 피부도 산성 액체의 공격을 받는다. 그것을 제외하고는 젊은 여성의 신체에서 둔탁하거나 날카로운 공격을 받은 흔적이나, 어딘가가 부러진 것과 같은 흔적은 찾아볼 수 없었다. 나는 죽은 이의 입을 열고 혀와 구강을 살폈고, 윗입술을 들어 올렸다. 입술 정중면을 따라 잇몸까지 뻗은 구순소대에 이제 막 생긴 작은 상처가 있었다. 당혹스러운 기색이 역력했던 마티아스는 그녀가 욕실에 있을 때 넘어졌고, 구토할 때 세면대 가장자리에 입 쪽을 부딪쳤다고 진술했다. 그의 이야기는 수긍이 갔고 상처와도 일치했으며 그다지 이례적일 것도 없었다.

내가 내린 첫 번째 결론은, 이 사건이 살인이라고 의심할 만한 증거가 없으며 즉각적인 부검이 필요한 상황은 아니라는 것이었다. 검찰과 경찰도 같은 의견이었다.

여기까지 관찰한 바에 따르면 이 사건은 약물 및 알코올중독처럼 보였고, 소위 말하는 '로커의 죽음'과 비슷해 보였다. '로커의 죽음'은 같은 원인으로 사망한 이들 중에 유명 뮤지션 재니스 조플린Janis Joplin과 지미 헨드릭스Jimi Hendrix가 있기 때문에 그렇게 부르는 것이다. 이들의 죽음은 항상 같은 모습을 보인다. 많은 경우 강한 약물이 동반된 상태에서 엄청난 양의 술을 마시고 구토를 하는데, 대부분 등을 대고 누운 상태에서 자신의 토사물을 들이마시게 되면서 질식한다. 취한 사람은 마치 깊은 마취에 빠진 상태와 흡사해 신체 반응이 거의 꺼져 있으므로 움직이지도, 바로 일어나지도, 기침으로 토사물을 뱉어내지도 않는 것이다.

유명인들만 이러한 죽음을 맞는 것은 아니다. 1970년대 초반 함부르크에서는 심각하게 술에 취한 여러 명의 사람들이 경찰서에 구금되어 있는 동안 질식사하는 일이 일어났다. 그들은 국가기관에 수감된 상태에서 제대로 된 감독을 받지 못했고 그대로 사망했다. 1974년에는 이를 대비해 '술에 취한 사람들을 위한 중앙 진료소ZAB, Zentralambulanz für Betrunkene'를 마련하기로 했다. 그곳에서는 의료진의 감독 아래 안전하게 취기에서 깰 수 있었다. 전국에서 유일했던 이 진료소는 오랫동안 잘 운영되다가 줄어드는 사고 수와 늘어나는 비용 문제로 몇 년 전 문을 닫았다. 2000년대에 내가 함부르크에서 구급차를 몰 때는 종종 사람들을 그곳으로 데려다주곤 했다. 당시 함부르크, 특히 장크트 게오르크Sankt Georg 지역은 취객들과 마약중독자들이 많아서 무척 힘겨운 곳이었다. 우리는 종종 취한 사람들을 모아서 경찰서에 데리고 가곤 했는데, 그들은 항상 소란을 피웠기 때문에 경찰의 호송을 받았다. 무전에서는 이를 가리켜 짧게 "환자, POL(경찰)과 함께 ZAB으로 이동"한다고 표현했다. 우리는 그 일정을 별로 좋아하지 않았는데, 이송 이후에 구급차의 구석구석 작은 틈까지 말끔하게 청소해야 하는 경우가 빈번히 발생했기 때문이다.

물론 ZAB에 가는 사람들은 그곳에서 쉬면서 취기가 가시기를 기다리기만 하면 되는, 부상이 없는 이들이었다. 내 기억에 남아 있는 한 노년 남성은 취해서 길에 쓰러지는 바람에 머리가 찢어졌다. 머리의 상처를 꿰매러 병원에 갔을 때 의례적으로 그의 혈중알코올농도를 검사했는데, 결과는 무려 5.6퍼밀(천분의 일을 나타내는 단위 –옮긴이)로 나타났다! 그는 호흡 정지의 위험이 있어 즉각 중환자실로 이송됐다. 몇 시간이 지난 뒤, 그를 중환자실에서 ZAB으로 이송시킬 때는 어느 정도 몸을 가눌 수 있는 상태였으며 대화를 나눌 수도 있었다. 하지만 그의 혈중알코올농도는 여전히 4퍼밀이 넘는 수치를 보였다. '이게 가능한 수치인가?'라고 당시에도 자문했던 기억이 난다. 그 정도로 신체가 알코올에 적응될 수 있나? 이 남성 같은 사례가 있는 걸 보면, 예외적으로 가능하기도 한가 보다. 그는 수십 년째 계속 술을 마셨고, 특히 곡물로 만든 화주를 즐겨 마셨다. "오늘은 한 상자를 마셨어요." 그는 냉담하면서도 다소 멍한 말투로 말했다. 여섯 병이라니! 만약 음주가 올림픽 종목 중 하나였다면, 그는 세계적인 선수가 되었을 것이다.

그에 반해 베를린 고급 아파트에서 사망한 카트리나는 외적인 검사나 며칠 후에 실시한 내적인 검사(우리는 부검 과정을 이렇게 부른다)에서 '만성적 알코올 남용'의 징후를 전혀 보이지 않았다. 그녀의 간을 살펴보니, 이 36세 여성은 분명 금주와는 거리가 멀었지만 그렇다고 많은 술을 마신 것은 아님을 확인할 수 있었다. 부검대 위의 여성은 살아 있을 때 대체로 건강했고 단정했다.

부검 감정서에는 다음과 같이 적었다.

"해당 여성의 사망 원인은 유미乳糜즙의 흡입으로 인한 질식사이다. 아마도 등을 대고 누운 상태에서 질식했을 것으로 추정되며, 참고인 진술에 따르면 사망 직전에 소비한 술과 약물 때문에 행동 능력이 저하된 상태였을 가능성이 크다."

구순소대의 상처도 거론했지만, 거기에 큰 의미를 두지는 않았다.

"사망 당시 어떤 힘이 개입된 증거, 특히 다른 사람에 의한 폭력이 개입된 증거는 찾을 수 없었다. 생긴 지 얼마 되지 않은 구순소대의 열상과 이마 중간쯤 모자를 썼을 때 테두리가 닿을 법한 위치의 출혈은 술에 취한 상태에서 쓰러졌을 때 생길 만한 상처들이다."

사망 원인: 유미즙 흡입으로 인한 질식.
사망 유형: 외인사外因死.

시신 발견 장소에서부터 추정했던 '로커의 죽음'은 부검 과정에서 확실시되었다.

이 사건과 관련한 나의 임무는 여기서 끝이었다. 적어도 나는 그렇다고 생각했다. 부검에 이어서 정맥혈, 심혈, 소변, 머리카락, 위장 내용물, 뇌, 간 및 신장조직에서 특정 물질을 검사하는 화학 독성 검사도 의뢰했지만 결과에 대한 호기심보다는 절차상 진행한 것이었다.

그런데 그로부터 며칠 후, 검사 결과지를 받아든 우리는 모두 말을 잃었다. 법의독물학과 동료들이 사망자의 혈중알코올 농도를 확인한 수치가 12.2퍼밀로 나타났기 때문이다. 12.2퍼밀이라고?

우리는 모두 그 자리에 얼어붙었다. 이게 어떻게 가능하지? 지금 우리 시신 보관실에 의학계를 뒤흔들 만한 연구 대상이 누워 있는 걸까? 역시 누군가가 계산을 잘못한 건가? 수십 번의 재측정이 이어졌다. 여기서 알아두어야 할 사항이 있다. 혈중알코올농도는 사망 시점에 신체 내에서, 말하자면 '동결'된다. 알코올이 분해될 수 있는 유기체의 활동이 더 이상 일어나지 않기 때문이다. 시신 부패 과정에서 새로운 알코올 화합물이 형성되지만, 이는 음주로 쌓인 알코올과 분명히 구분된다. 그러니까 이 여성은 어찌 되었든 살아 있을 때 이 수치에 도달했음이 분명했다. 하지만 어떻게? 그것이 미스터리였다. 그도 그럴 것이 이토록 높은 혈중알코올농도는 어떤 학술 보고에서도 발표되거나 기록된 적이 없으며, 법의학에서는 사람이 이 정도의 수치에 도달할 거라고 가정하지도 않는다. 간혹 학계 내 개별 사례에서 6퍼밀이 넘는 수치가 보고된 적이 있었고, 그들은 앞서 이야기했던 함부르크의 알코올중독자처럼 주로 수십 년간 중독 증세를 보였던 나이 든 남성들이었다.

이 사실이 의미하는 바는 무엇일까? 이 젊은 여성은 어떻게, 어떤 상황에서 사망한 걸까? 우리는 경찰, 검찰과 함께 고민을 시작했다. 체중을 고려해 계산해 보면, 그 여성의 혈중알코올농도가 12퍼밀이 나오기 위해서는 알코올 도수가 60도 정도 되는 술을 적어도 900밀리리터, 즉 1리터 정도 마셔야 했다. 술을 이렇게 '들이붓는' 행위는 이론적으로는 가능하지만, 다른 독성검사의 결과와는 맞지 않았다. 나머지 검사에서 나타난 바에 의하면 알코올은 이미 이 여성의 몸에 퍼져 있었고, 그것은 술을 마신 뒤에도 그녀가 얼마 동안 살아 있었음을 의미하기 때문이었다.

그다음으로 생각해 볼 수 있는 것은 여성의 혈액과 머리카락에서 확인된 다량의 코카인 성분이 알코올의 영향을 조금이라도 상쇄했을 가능성이었다. 코카인 덕분에 그렇게 많은 술을 마실 수 있었던 걸까? 이 여성은 분명 주기적으로 과도한 양의 코카인을 복용했다. 모발검사 결과는 의심의 여지가 없었다. 코카인도 계속 복용하다 보면 내성이 생긴다. 코카인과 알코올은 반대로 작용한다. 다량의 알코올은 어느 순간 호흡을 완전히 멈출 정도로 호흡 억제를 유발한다. 그에 반해 코카인은 호흡과 심장, 순환을 자극한다. 혈류에 코카인 성분이 많으면 치명적인 양의 알코올도 한동안 버틸 수 있다.

또 생각해 볼 수 있는 건 이 여성이 알코올을 함유한 액체 상태의 위장 내용물을 한 번 토한 뒤에 다시 흡입하는 과정에서, 아직 살아 있는 상태로 폐에 알코올이 흡수된 경우이다. 그랬다면 그녀의 혈중알코올농도는 매우 빠르게, 매우 높은 수치까지 치솟았을 수 있다. 그리고 코카인 때문에 시간이 지나고 나서야 순환이 멈췄을 수 있다.

이것도 아니라면, 완전히 다른 상황이 벌어졌던 걸까? 질 혹은 직장에 고농도 알코올이 투여됐을 가능성이 있을까? 그 부위의 점막이라면 알코올을 빠르게 흡수했을 수 있다. 하지만 부검에서 그와 같은 기이한 행동에 대한 증거는 전혀 찾을 수 없었다. 즉, 이 가설은 증명할 길이 없었다.

입술 안쪽의 찢어진 상처는? 그 상처가 세면대 위로 넘어지면서 생긴 것이 아니고 누군가가 병으로 그녀의 입 쪽을 가격해서 생긴 것이라면? 함께 있던 남성이 술을 마시라고 강요한 것이라면? 그래서 그녀가 의식을 잃기를 바랐다면? 혹시 이 남성이 기이한 성적 취향을 가졌다면? 도수 높은 술병으로 둘러싸여 있던 시신의 상황으로 미루어 보아서는 그렇게 생각할 수도 있었다. 하지만 우리는 추측을 증명할 만한 단서를 찾지 못했다. 설령 우리가 부검 감정서에 그녀의 의지에 반해 무언가가 주입되었을 수 있다고 결론을 적었다고 해도, 법정에서는 받아들여지지 않았을 것이다. 왜냐하면 입속의 상처는 세면대 위로 넘어진 것으로도 충분히 설명되기 때문이다. 아니면 공판에서 (그 단계까지 가지도 않겠지만) 피고의 변호사들이 그에 대한 반론으로 우리를 너덜너덜하게 만들었을 것이다. 그렇게 너덜너덜해져도 할 말은 없다. 구순소대의 열상 같은 빈약한 근거로는 성적 살인을 추론할 수도 없고, 추론해서도 안 된다.

여기서 잠깐 '성적 살인'이라는 주제에 관해 언급하자면, 통계적으로 성적 살인의 발생 수는 다행히 급격하게 감소하는 추세이며 실제로는 거의 발생하지 않는다. 우리 연구소에는 지난 20년간 베를린에서 발생한 성적 살인을 조사한 박사 논문[3]이 있다. 총 40건이 있었으니, 매년 두 건 정도씩 발생했던 셈이다. 20세기에 일어났던 사건 수에 비하면 오늘날에는 그 수가 적은 편이다. 나보다 더 나이가 많은 동료는 자신이 일을 시작하던 초창기에는 매주 목이 졸려서 숨지고, 강간당한 여성들을 부검했다고 말한 적이 있다.

요즘에는 성적인 동기로 살인을 저지르는 사건이 극히 드물지만, 기억에 남는 매우 잔인한 사건이 하나 있다. 재활용 센터에서 일하던 한 젊은 여성이 옷을 갈아입는 도중에 동료로부터 공격을 당했던 사건으로, 그녀는 수차례 강간당한 뒤 목이 졸리고 칼에 찔려 사망했다. 범인은 현장에서 시신을 쓰레기통에 버렸다. 때는 1월이었고, 나중에 시신을 찾았을 때 시신은 완전히 얼어 있었다. 부검을 진행할 수 있을 때까지, 우리는 그 시신을 며칠 동안 '해동'해야 했다. 범인은 얼마 지나지 않아 붙잡혔으며 그가 피해자에게 가했던 일들은 상세하게 재구성되고 의심의 여지없이 입증될 수 있었다.

하지만 12퍼밀의 혈중알코올농도는? 이 사건은 그저 의문투성이였다. 한 젊은 여성이 사망했다. 비극적이고 허무한 일이다. 사고였을까? 혹은 범죄였을까? 그 비정상적인 혈중알코올농도는 어떻게 설명할 수 있을까?

법의학에는 분명 한계가 있으며, 그 한계를 아는 것뿐만 아니라 그것을 받아들이는 것까지가 우리의 직업윤리에 속한다.

우리는 법의학 지식과 경험을 바탕으로 확신을 가질 때만 경찰과 검찰, 법정을 상대로 수사나 판결에 영향을 미치는 진술을 할 수 있다. 즉, 우리가 말하는 내용이 사실이고 뒷받침할 수 있는 증거가 있을 때만 진술할 수 있다. 우리의 감정이나 의견에 이끌려서는 안 되며 제시할 수 있는 증거가 없는 상태에서 확신을 가져서도 안 된다.

수개월 간의 검사와 조사 끝에 우리가 알 수 있었던 것은 이 여성은 구타를 당하거나, 칼에 찔리거나, 목이 졸리지 않았다는 사실뿐이었다. 그녀는 자신의 토사물 때문에 질식했다. 그녀는 죽기 전에 코카인을 흡입하고 술을 마셨다. 하지만 그녀가 사망에 이르렀던 이유가 더 많은 술을 마시라고 강요당해서였을까? 이 사건에서 잡히지 않고 빠져나간 범인이 있는 걸까? 우리는 지금까지도 그 사실을 알 수 없다. 우리가 내놓을 수 있었던 것은 이론과 가설, 우리의 생각뿐이었다.

나에게는 개인적으로나 학술적으로나 불만족스러운 사건이었다. 이 사건은 꽤 큰 좌절감을 안겼다. 나는 법의학 학술대회에서 동료 학자들에게 계속 같은 질문을 던졌다. "이 수치가 어떻게 나올 수 있었는지 설명하실 수 있겠어요?" 하지만 누구도 그에 대한 결정적인 답을 주지는 못했다. 우리는 의문점을 그대로 담아 이 사건을 공표하기로 했다. 12.2퍼밀이라는 수치 때문에 학계에서 제정신이 아니라는 말을 들을 위험을 감수한 결정이었다.

이 사건에 관한 내용을 담은 기사는 '도로 위에서의 알코올 및 약물 사용에 반대하는 협회Bund gegen Alkohol und Drogen im Straßenverkehr'에서 발간하는 《혈중알코올Blutalkohol》이라는 학술 전문 잡지에 실렸다.[4] 알코올 소비와 관련한 증거 및 법적 해석을 다루는 법의학 연구원들이 최신 연구 결과를 주기적으로 발표하는 잡지였다. 아쉽게도 우리가 발표한 기사가 더 큰 학술적 논의로 이어지지는 않았지만, 다른 법의학 연구소의 연구원들도 비정상적으로 높은 두 자릿수의 혈중알코올농도가 나타난 시신을 부검했던 적이 있다고 내게 비공식적으로 말해주었다. 하지만 지금까지 누구도 이 주제를 본격적으로 다루려고 나서지는 않는다. 어쩌면 학계에서 불필요하게 공격당할 만한 빌미를 제공하고 싶지 않을지도 모른다. 그러나 이 주제와 관련해 더 많은 연구가 필요하다는 점은 분명해 보인다.

명목상으로는 세미나 때문에 베를린에 간 카타리나를 실종 신고한 것은 그녀의 약혼자였다. 그는 카타리나가 주말 내내 연락이 되지 않고, 이후에도 연락이 없는 것을 이상하게 생각했다. 평소 그녀가 할 만한 행동이 아니었다. 혹시 무슨 일이라도 생긴 걸까? 마침 그의 친구 중 한 명이 바이에른주Bayern 경찰서에서 근무하고 있었다. 약혼자는 그곳에서 실종 신고를 하고 경찰에게 조사를 부탁했다. 경찰관이 카타리나를 찾는 데는 그리 오랜 시간이 걸리지 않았다. 몇 번의 통화와 마우스 클릭 끝에, 그는 베를린에서 일어난 사망 사건과 사망자의 이름을 알게 되었다. 자신과 약혼한 여자가 베를린 법의학 연구소 시신 보관실에 누워 있다는 소식은 그렇게 카타리나의 약혼자에게 전해졌다.

Chapter 10

절반의 시체

목격자도, 흔적도, 범행 도구도, 시신도 발견되지 않는 사건이 있다면, 그것은 흔히 말하는 '완전범죄'일 것이다. 법의학자가 할 일도, 경찰이 수사에 착수할 만한 실마리도, 배정된 검사와 판사도 없는 사건. 그러한 사건에는 설명할 수 없는 이유로 사라진 피해자와 정체를 알 수 없는 범인만이 있을 뿐이다.

　이론상으로는 그렇다. 완전범죄는 수많은 추리소설 작가들의 상상력을 자극한다. 그러나 현실에서 시신이 사라지는 일은 거의 없으며, 경찰이 수사를 시작한 살인사건이 미해결로 남는 일도 매우 드물다. 그 사건의 범인이 유죄판결을 받게 되느냐는 또 다른 문제겠지만, 어쨌거나 시신은 텔레비전에 나오는 것처럼 간단하게 '처리'할 수 있는 대상이 아니다.

나는 일요일 저녁에 소파에 앉아 〈타트오르트 Tatort〉(독일에서 인기 있는 범죄수사 드라마 – 옮긴이)를 시청하다가 현장으로 와달라는 경찰의 요청에 출동한 적이 몇 번 있다. 한번은 베를린을 배경으로 하는 에피소드를 보다가 전화가 왔길래, "제게 90분만 주시죠. 그러면 살인범이 누구인지 알려드리겠습니다"라고 답했더니 베를린 범죄수사국의 담당자가 소리 내어 웃었던 적도 있다. 물론 해당 에피소드는 끝까지 보지 못했다.

이번 사건이 발생했던 어느 가을의 일요일 저녁에도 갑작스럽게 현장에 출동해야 했다. 나는 붉은 남작(2018년 무거운 마음으로 폐차하기 전까지 이 차의 주행거리는 거의 30만 킬로미터에 달했다)을 타고 크레인과 건축구조물, 건설 현장이 곳곳에 널린 도시 속을 달렸다. 베를린에는 재개발 열풍이 불고 있으며 도시 곳곳에서 세입자들이 계약 해지를 통보받고, 살던 곳에서 내몰리고 있었다. 건국 시기에 지어졌던 오래된 건물들은 부동산 투자자들에 의해 새로 단장하고 값비싼 개인 주택의 형태로 되팔렸다. 건설산업의 호황으로 수많은 외국인 기술자들이 베를린에 모였다. 수천 명의 페인트공, 타일 시공업자, 벽체 시공업자가 베를린의 건설 현장으로 모여들었고 그중 많은 이들이 동유럽 국가 출신이었다. 이들은 소박한 숙소에서 함께 사는 경우가 많았고,

숙소와 고향의 집을 왔다 갔다 하며 생활했다. 하청에 또다시 하청을 주는 불투명한 기업구조 때문에 최저임금이 만연하고 노동안전을 위협받는 불확실한 환경이었다. 이번 사건은 바로 그런 환경 속에서 발생했다.

빅토르, 아담, 얀은 리히텐베르크Lichtenberg 지역의 한 다세대 주택 측면과 맞닿은 낮은 건물에 위치한 셰어하우스에서 살고 있었다. 세 남성은 모두 40세를 넘긴 나이였고, 그들은 협소하긴 해도 잘 정돈된 집에서 조화롭게 지내고 있었다. 집의 벽면은 흰색 페인트로 칠했고, 욕조가 놓인 욕실은 깨끗하게 리모델링했으며 무겁고 낡은 방문은 페인트칠한 뒤 금색 문고리를 달아놓았다. 마지막으로 매끄럽게 마감한 목재가 그 집의 깔끔한 인상을 완성했다. 세 사람은 각자의 매트리스를 갖고 있었으며 그것을 제외하면 이 집에 가구는 거의 없었지만 의자 세 개와 깨끗하고 잘 작동하는 가전제품을 갖춘 간이 주방이 있었다. 청소 도구와 양동이, 대걸레도 있었다. 이 집을 임차한 사람이자 세 사람 사이에서 리더 역할을 하는 사람이 빅토르였기 때문에 결정을 내리거나 방향을 제시하는 건 그의 몫이었다. 아담과 얀은 그에 대해 전혀 불만이 없었다. 낮에는 셋이 함께 건설 현장에서 일했고, 그곳에서도 이 세 사람은 자주 팀을 이뤄 일했다.

하지만 어느 순간부터 이 공동체의 분위기가 좋지 않은 쪽으로 변했는데, 그건 나중에 합류한 네 번째 동거인 필립 때문이었다. 26세였던 필립은 성격이 급하고 무뚝뚝했으며 무엇보다 빅토르가 이 그룹의 리더 역할을 한다는 사실이 마음에 들지 않았다. 이 때문에 이미 몇 차례 싸움이 일어난 적이 있었고, 설상가상으로 이 네 사람은 건축업자와도 갈등을 빚게 되었다. 이들이 여러 차례 술에 취한 상태로 출근하자 당분간 현장에 나오지 말라는 통보를 받은 것이다.

그러던 10월의 어느 화요일, 셰어하우스의 임차인인 빅토르가 일주일 정도 휴가를 떠나며 세 사람만 남게 되었을 때, 오래 묵었던 갈등이 폭발하고 말았다. 필립이 매트리스에 누워 있던 49세 남성 아담을 주먹으로 연신 때리는 바람에, 아담이 외상성 뇌손상을 입고 사망한 것이다. 발코니에서 발견된 남성의 사건과 마찬가지로 사건 현장에 있던 모든 이가 많은 술을 마신 상태였고 그것이 결정적인 역할을 했다. 그러나 과도한 음주가 이뤄졌다는 사실 때문에 이 사건이 예외적이고 인상적인 것은 아니었다.

상황이 기이하게 흘러가기 시작한 것은 그다음부터다. 아담을 살해한 젊은 필립뿐만 아니라, 그보다 나이가 많았던 목격자 얀 역시 머리를 잘 굴려 아담의 시신을 어떻게든 사라지게 만들 수만 있다면 살인을 은폐할 수 있다고 믿었던 모양이다. 그들이 이러한 생각을 한 건 숙취와 함께 잠에서 깨어난 후였다. 필립이 범행을 저지른 뒤 둘은 술에 잔뜩 취한 채로 시신 옆에서 잠을 잤고, 어느새 목요일이 되었다. 알코올중독자였던 얀이 (그는 자신을 변호하면서 이 사실을 거론하였다) 이 계획에 동참했던 첫 번째 이유는 공격적인 필립이 자신도 때려죽이겠다고 협박했기에 무서웠기 때문이었다고 말했다. 다른 한편으로, 얀은 친구 빅토르의 반응도 두려웠다. 주말에 베를린으로 돌아온 빅토르가 아담이 구타로 사망해 있는 것을 발견한다면 뭐라고 할까? 이 생각은 얀에게 스트레스를 안겨주었다. 그래서 그전까지 살인의 흔적을 없애야겠다고 생각했다. 집은 다시 완전히 깨끗한 상태가 되어야만 했다. 그 생각만큼은 확고했다.

얀과 필립은 시신을 조각내 집 앞에 있는 커다란 쓰레기통에 조금씩 버리기로 했다. 셰어하우스에는 커다란 도끼가 있었는데, 500그램이 넘고 진짜 나무 손잡이가 달려 있었다. 부엌에는 13센티미터 길이의 날을 지닌 부엌칼도 있었다. 이 정도 도구면 계획을 실행할 수 있을 거라는 게 필립의 생각이었다. 하지만 불행하게도 두 사람 모두 해부학에 대해 잘 알지 못했다. 그날 자정 무렵, 필립은 살해당한 아담의 시신을 토막 내기 시작했다. 그는 먼저 시신을 두 부분으로 나누려고 했다. 그 목적을 위해서는 몇 개 층의 피부와 일부 장기, 척추가 나뉘기만 하면 되는 갈비뼈와 골반 사이 부위가 가장 적합했을 것이다. 하지만 그는 적절치 못한 부위, 그보다 약 10센티미터 아래의 위치를 선택했다. 그곳에는 신체에서 가장 단단한 뼈인 골반이 있다. 그 부위를 기준으로 시신을 토막 냈다면 분명 한 시간, 혹은 그 이상의 시간이 걸렸을 것이다. 그리고 상상도 할 수 없는 광경이 펼쳐졌을 것이다. 필립이 도끼를 크게 휘두르는 동안 피는 몇 미터 떨어진 벽까지 튀었을 것이고, 도끼는 셀 수 없이 여러 번 시신 위로 떨어졌을 것이다. 그 사실은 이후 부검에서 나타난 수많은 절단의 흔적과 찢어진 자국을 통해 확인할 수 있었다. 이웃들은 분명 한밤중에 오랜 시간 동안 시끄럽게 들린 '가구 옮기는 소리'에 대해 증언했을 것이다.

이른 새벽 어느 시점에 그들은 아담의 시신을 두 토막으로 나누는 데 성공했다. 절단면에서는 내장이 돌출되고 방에 있던 매트리스는 피로 흠뻑 젖은 상태가 되었다. 얀과 필립은 그것들을 마당으로 가지고 가서 창고 안에 숨겼다. 그들은 그곳이 일단 범행 증거를 숨기기에 적절하다고 생각했다. 그다음 이들은 시체의 하반신, 즉 골반과 다리를 숨기고자 했다. 시신을 이동할 때 활용할 만한 것이 뭐가 있을지 집을 훑어보다가, 얀과 필립은 이불을 여러 겹으로 감싸기로 했다.

그런데 그 시신을 집 앞 쓰레기통에 폐기하는 것은 아무래도 들킬 확률이 높아 보였다. 그사이 시계는 새벽 2시를 가리켰고, 그들은 어두운 틈을 타서 아담의 하반신을 사람이 없는 길을 따라 30미터 정도 떨어진 옆집 폐기물 수거함으로 힘들게 옮겨

놓았다. 만약 그 때문에 이웃이 의심을 받게 된다고 해도 상관없었다. 그들은 쓰레기통의 뚜껑을 힘껏 닫아 닫았다.

주범이었던 필립은 이제 할 만큼 했다고 생각했다. 지난 몇 시간은 그를 몹시 피곤하게 했다. 아담의 상체가 아직 핏자국으로 뒤덮인 숙소에 남아 있었지만, 그 부분은 얀이 처리할 몫이었다. 이 젊은 청년은 범죄 현장에서 사라지기로 마음먹고, 남은 밤은 여자 친구 집에서 지내기로 했다. 체포된다면 그는 다른 곳에서 잤으며 살인사건과 무관하다고 주장할 생각이었다. 참으로 불안정한 알리바이였다. 어쨌거나 얀은 혼돈 속에 홀로 남겨졌다. 그는 자신에게 3일의 시간이 주어진 것을 알고 있었다. 그 후에는 빅토르가 돌아올 것이다. 얀은 바닥을 수차례 닦고, 도끼와 칼을 지독하도록 꼼꼼하게 씻어내고, 싱크대의 모든 혈흔을 지우고, 부엌을 청소하고, 도끼를 찬장에 숨겼다. 심지어 벽이 새하얗게 빛나도록 다시 칠을 했다. 오로지 몇 방울의 피가 튄 자국을 놓쳤을 뿐이었다. 혹은 페인트가 다 떨어져서 미처 칠하지 못한 것일 수도 있다. 그 부분을 제외하면, 숙소는 다시 멀끔한 모습으로 정리되었다. 언제든 사용할 수 있도록 양동이에 깨끗한 물을 채우고 걸레와 함께 부엌에 세워두는 것도 잊지 않았다.

다만 시신의 상체를 처리하는 것, 그것은 얀에게 너무도 버거운 일이었다. 때는 11월이었고, 숙소에는 난방이 들어오고 있

었다. 절반의 시체는 얼마 가지 않아 불쾌한 냄새를 내뿜기 시작
했기 때문에 얀은 찾을 수 있는 모든 것을 동원해 시체를 꽁꽁
싸맸다. 그에게 중요한 것은 부패의 냄새를 숨기는 것이었다. 우
리는 3일 뒤에 살인사건 전담수사팀과 함께 그 시신의 일부를
부검대 위에서 조심스럽게 해체하였다. 나는 감정서에 다음과
같이 적었다.

> "상체와 머리는 코코넛 섬유로 만든 베이지색 매트리스 커버에
> 싸여 있다. 이 커버의 상단은 여러 가지 의류로 덮여 있으며 베
> 이지색 마스킹레이프로 묶여 있다. 의류 품목으로는 남성용 청
> 바지와 파란 침낭이 있으며, 이것은 적갈색 신체조직과 핏자국
> 으로 인해 더러워진 상태이다. 매트리스 커버는 기재한 마스킹
> 레이프 외에도 총 세 개(녹색 한 개, 붉은색 두 개)의 손수건과 (휴대
> 폰을 충전할 때 쓰는 것과 같은) 분리된 전선으로도 묶여 있다."

원래는 얀도 절반의 시체를 쓰레기통에 넣으려고 했다. 하
지만 실행에 옮기지 못했다. 육체적으로도, 심리적으로도, 자신
에게 주어진 3일 안에 다시 한번 쓰레기 수거함으로 갈 여력이
없었다. 대신 그는 걱정과 두려움을 술에 묻어버리려고 했으며,
대부분의 시간을 꽁꽁 싸맨 시체 옆에 앉아 있거나 누운 상태로
지냈다. 그는 완전히 무력화되었으며 도망칠 생각도 전혀 하지

못했다.

그의 반응이 특이한 것은 아니다. 살인 이후의 처리보다 시신을 토막 내고 난 이후의 처리를 훨씬 더 어려워하는 경우는 자주 있다. 흥분해서 누군가를 때려죽이거나, 총으로 쏘거나, 목을 졸라 사망에 이르게 하는 것이 그 이후에 사체를 자르는 것보다는 견디기가 쉬운 모양이다. 범인이 시신을 훼손한 뒤, 몇 주간 혹은 몇 달간 심리적 압박에 시달리다가 자신이 저지른 끔찍한 일에 관해 누군가에게 털어놓지 않고는 도저히 견디지 못하는 일도 종종 있다. 그 대상은 밤에 술집에서 만난 모르는 이가 되기도 한다. 이와 같은 놀라운 자백으로 시신이 훼손되거나 사라진 살인사건의 전말을 밝히게 된 경우도 있다. 얀 역시도 누군가를 직접 살해한 것도, 자신이 도끼를 휘두른 것도 아니지만 자신이 겪은 일을 털어놓고 마음이 가벼워지기를 기다렸던 것 같다.

일요일 저녁 내가 사건 현장에서 몇 킬로미터 떨어진 곳에서 막 텔레비전 앞에 앉았던 그 순간, 빅토르는 자신의 집으로 돌아와 문을 열었다. 그는 얀이 약간 취한 상태로 혼자 매트리스에 누워 있는 것을 발견했다. 바닥에는 꽁꽁 묶인 채로 지독한 냄새를 풍기는 옷더미가 있었다. 그 외에 숙소는 비어 있었다.

"얀, 아담은 어딨어? 필립은? 그리고 이 냄새는 대체 뭐야?"

누워 있던 얀은 베개에서 머리를 들었고, 내내 참아왔던 말을 그 즉시 쏟아냈다. "필립이 아담을 죽였어! 여기 안에 시체가 있어."

　빅토르는 방금 들은 말을 믿을 수 없었다. 하지만 돌돌 말려 있던 꾸러미에서 피가 묻은 털이 삐져나와 있는 것이 보였다. 누군가의 머리카락인 것 같았다. 그는 바로 경찰을 불렀다.

　소방관이나 경찰관, 그리고 현장에 투입되는 다른 이들도 토막 난 시신을 보는 것은 예삿일이 아니다. 법의학자도 마찬가지다. 베를린에서는 일 년에 한두 번 시신의 일부가 발견되곤 한다. 내가 이 일을 하며 마주했던 거의 모든 토막 시신은 은폐를 목적으로 자른 것이었다. 사지를 자르는 행위는 피해자가 살아 있을 때 일어나는 일이 아니고, 범인이 자신의 욕구를 충족하기 위해 벌이는 일도 아니다. 범인이 시신을 완벽하게 처리하고 싶어 할 때 생기는 일이다. 이러한 이유 때문에 시신을 자르는 것을 가리켜 '방어적 시신 훼손'이라고 한다.

　여기서 많은 범죄자들의 문제는, 도끼를 들었던 필립처럼 그 과정을 너무 쉽게 생각한다는 것이다. 그에 비하면 시신을 쓰레기통에 유기하기로 했던 것은 나쁘지 않았다. 만약 쓰레기 수거차가 빅토르가 집에 돌아오기 전에 이웃집의 쓰레기 수거함을 비웠다면, 사망자의 하반신은 영영 찾지 못했을 수도 있다. 그길로 도시 변두리에 있는 쓰레기 소각장에서 흔적도 없이 사라졌을 것이다. 하지만 일요일 저녁까지도 수거함은 비워지지 않은 상태였다. 뒤이어 경찰과 함께 범죄 현장에 도착한 탐지견들은 긴 시간을 들이지 않고 시신의 사라진 다리를 찾을 수 있었다. 도끼와 칼 역시 곧 발견되었다. 청소를 했음에도 불구하고, 희생자의 핏자국 또한 벽에서 발견되었다. 루미놀 같은 물질을 사용하면 육안으로 확인할 수 없는 혈흔까지도 찾을 수 있다. 그러므로 밀폐된 방에서 유혈 사태를 일으키면, 비록 처음에는 시체가 발견되지 않았다고 해도 끝까지 그 범행을 들키지 않고 빠져나가기란 거의 불가능하다.

그럼에도 시신이 흔적도 없이 사라지는 경우가 발생하기도 하지만, 내 경험상 절대적인 예외에 속한다. 베를린에서 한 경비원의 이야기가 큰 화제를 모은 적이 있다. 오래전, '아흐메트 더 베어Achmed the bear'라는 별명을 가진 경비원이 갑자기 사라졌다. 사람들 사이에서는 그가 마약 조직과 관련이 있기 때문에 조직의 누군가가 그를 살해한 것이라는 의혹이 빠르게 퍼졌다. 경찰은 끈질기게 수사했지만, 그의 시신은 어디에서도 발견되지 않았다. 그로부터 13년이 흐른 시점에 경찰은 새로운 정보를 얻었다. 어떤 남성의 말에 의하면, 경비원이 사라졌던 바로 그때 베를린 외곽에서 집을 짓기 위해 기초공사를 하던 중이었다는 것이다. 그 남성은 범인의 요청을 받고 콘크리트 속에 시신을 묻었다고 했다. 경찰은 중장비를 동원해 그 집의 정원과 연못뿐만 아니라 테라스 바닥까지 뒤엎으며 시신을 찾고자 했다. 그 집의 울타리 주변에는 호기심이 가득한 취재진이 대기 중이었다. 하지만 그 모든 노력에도 불구하고, 유해는 발견되지 않았다.

나는 독일의 건물 바닥이나 콘크리트 아래에 시체 더미가 쌓여 있을 거라고는 생각하지 않는다. 어쩌면 한 구, 혹은 극소수의 시신이 숲에 묻혀서 아무도 모르게 부패 중일지도 모르겠다. 하지만 인간의 몸이 정말 흔적도 없이 사라질 수 있는 장소는 단 한 곳밖에 없다. 바로 화장 시설이다. 그곳에서 시신은 단지 한 줌의 재가 될 뿐이다. 경우에 따라 심장박동기나 인공관절을 삽입하거나 치과 치료를 받은 사람이라면, 약간의 금속 성분이 더 나올 것이다. 화장터에서 나온 유해는 DNA 추출조차 불가능하다.

이 사실이 많은 가해자들에게 영감을 주었는지 몇몇은 살인을 저지른 뒤 시신을 불태워 없애려고 했다. 하지만 시신 아래에 아무리 많은 장작을 쌓아둔다고 해도, 마치 화형을 치르는 것처럼 커다란 장작더미를 만든다고 해도 백 퍼센트의 확률로 실패할 수밖에 없다. 지속적으로 높은 온도를 오랜 시간 유지하는 화장 시설의 복잡하고 정교한 기술 여건은 그렇게 간단하게 재현할 수 있는 것이 아니다.

사람들이 흔히 이야기하는 방법인, 시신을 산으로 녹여 사라지게 만든다는 신화 역시 사실이 아니다. 이 방법으로도 흔적을 남기지 않고 시신을 없애는 것은 불가능하다. 1980년대에 '애시드 킬러The acid killer'라고 불렸던 함부르크 출신의 한 범인은 수많은 여성을 납치, 강간, 고문, 살해하고 토막 낸 시신을 염산이 가득 담긴 통 안에 넣고 묻었는데 심지어 몇 년이 지난 뒤에도 그 통 안에서 피해자의 머리카락이나 치아 같은 흔적이 발견되었다. 함부르크에펜도르프 대학병원Universitätsklinikum Hamburg-Eppendorf 법의학 연구소 소장을 역임했던 클라우스 퓌셸Klaus Püschel 법의학 교수가 당시 재판에 감정인으로 참여했고, 이 사건에 대해 여러 차례 보고했다.

결국 완전범죄, '완벽한 살인'이란 없는 것일까? 물론 있다! 하지만 이는 능숙하게 자른 시신이나 몰래 유기한 시신 같은 것과는 거리가 멀다. 오히려 그 반대이다. 완벽한 살인이 있다면, 범인은 그것을 은폐하려는 시도조차 하지 않을 것이다. 왜냐하면 은폐할 만한 행위로 생각하지도 않기 때문이다. 수사관도 없고, 누구도 부검을 의뢰하지 않고, 의심도 없다. 누군가가 살인을 저질렀지만, 모든 것이 '정상'처럼 보이고 눈에 띄는 것은 아무것도 없는 죽음. 이와 같은 방식의 '완벽한 살인'은 심심치 않게 발생하는 일이며 심각하게 받아들여야 할 사회문제이다.

눈에 띄는 것이 아무것도 없다면서 어떻게 이와 같은 결론에 다다랐는지가 궁금한가? 바이에른을 제외한 모든 연방주에서는 화장 전에 검시관이나 법의학자가 시신을 조사하게 되어 있다. 그 검사에서 시신에 대한 소견과 시체검안서, 즉 '사망진

단서'상의 사망 원인이 일치하는지를 확인한다. 예를 들면 시체 검안서에 '심장마비'라고 적혀 있는데, 사망자의 흉부 여섯 군데에 칼자국이 있다면 확실히 무언가 잘못된 것이다. 하지만 단서가 이렇게 분명하게 나타나는 경우는 안타깝게도 매우 드물다.

외부 검시로 많은 것을 판단하기는 어렵다. 애초에 그것이 어떻게 가능하겠는가? 침상에 누워 있던 84세 노인의 죽음이 주치의가 진단한 것처럼 폐색전肺塞栓이었는지, 아니면 유산에 눈이 먼 탐욕스러운 자가 약물 과다복용을 도와 그렇게 된 것인지 겉으로만 보아서 누가 판단할 수 있겠는가?

화장을 앞두고 실시하는 검시에서는 주기적으로 불일치한 점이 발견된다. 그런 일이 있을 때는 경찰을 부르고, 시신을 압수한 뒤 정밀검사를 위해 법의학 연구소로 보낸다. 이미 수년 전 과학자들은 화장 전 검시에서 발견된 것들을 바탕으로 잠정 집계 결과를 발표했다. 그에 따르면 독일에서는 연간 약 1천 건의 미확인된 살인사건이 발생하는 것으로 추정된다. 이것은 독일에서 부검이 너무 적게 이뤄지는 것과도 관련이 있다. 전체 사망자의 2퍼센트에서 5퍼센트만이 법의학적으로 부검을 진행한다. 그리고 법의학이 개입하는 것은 먼저 검시관이 외인사로 판단하거나 사인 불명이라고 감정하고, 경찰과 검찰에게 이와 관련해 보고가 이루어지는 경우이다. 그렇게 한 뒤 경우에 따라 (절대 항상 그런 것은 아니다) 부검이 이루어진다. 겉보기에 자연사로 보이는 죽음은 경찰과 관련이 없다.

우리는 의대생들이 의무적으로 참여해야 하는 검시 실습에서 그들이 이 주제를 민감하게 받아들이도록 노력한다. 직접 확신을 가질 수 없는 사항은 기록하지 말아야 한다. 언제나 스스로의 의견을 확립해야 한다. 이 학생들은 후에 의사로서 검시를 진행하는 법을 배워야 한다. 공포에 질려 시신을 피해서는 안 된다. 만약 검시로 명백한 결론을 내리지 못했다면 "모르겠다"라고 말해도 된다. 아니, 그래야만 한다. 이 솔직한 한마디는 검시를 마친 의사에게서 훨씬 더 자주 들을 수 있어야 한다. 단지 확신할 수 없다는 사실을 인정하고 싶지 않아서 불분명한 사건이나 심지어 시신에서 근거가 발견되지 않은 경우에도 '심장마비' 혹은 '대동맥박리'와 같은 진단 뒤에 숨는 경우가 드물지 않다. 좋지 않은 진단 방법을 통해서는 (외부 검시가 바로 좋지 않은 진단 방법이다!) 구체적인 결론을 낼 수 없어도 괜찮다.

또한 자신이 모르는 사실을 인증하는 것도 안 된다. 이는 매우 간단한 사실이다. 이따금 의사들은 경찰, 검찰, 법의학자 등의 조직이 움직이는 것을 꺼릴 때가 있다. 어쩌면 처음 짐작대로 폐색전이 맞았을 수도 있으니까 말이다. 내 생각에 소극적인 태도는 굉장히 부적절하다. 법의학자라면 의사들이 검시에서 잘못된 결론을 적어낸 사례들을 알고 있을 것이다. 그런 사례에서는 목덜미의 칼자국이 식도정맥류 출혈로 둔갑하기도 하고, 등의 욕창과 염증같이 죽음의 원인이 된 의료진의 실수를, 단순히 사망진단을 하기 위해 왔던 의사가 시신을 돌려보지 않아서 못 보고 지나치기도 한다. 이러한 명백한 단서를 검시에서 발견하지 못하고 시신이 화장돼 버리면, 가장 중요한 증거가 영원히 사라져버리는 것이다.

아담의 사건에서는 쓰레기 수거차의 일정 덕분에 다행히 소실된 것이 없었다. 그럼에도 증거의 보존은 매우 어려웠다. 내가 현장에 도착할 때까지, 어느 누구도 그 기이한 옷 꾸러미를 건드리는 건 고사하고 들여다보지도 않았다. 경찰은 먼저 근본적인 질문을 던졌다. "저 안에 사람이 들어 있다는 게 사실일까요?" 나는 꾸러미의 모서리를 조심스럽게 잡아당겼고, 그 안에서 부패한 초록색을 띠는 사람의 귀를 보았다. "네, 사람의 일부가 있는 것이 확실합니다."

앞서 발견된 상체가 잠시 후 발견된 하체보다 부패가 훨씬 빠르게 진행된 것은 난방이 잘되었던 숙소와 바깥에 있던 쓰레기 수거함의 온도차 때문이었다. 다리 부분은 꽤 상태가 괜찮았던 반면, 이미 녹색으로 변하고 너덜너덜하고 끈적거리는 상체는 어떤 판단을 내리기가 어려웠다.

부패로 변형된 시체는 온도를 측정해 사망 시간을 예측할 수 없다. 법의학 연구소에서는 부패로 변형된 시신을 흔히 접하게 되는데 대도시 아파트에서는 문 뒤에 사람이 죽어 있어도 며칠간, 몇 주간, 몇 달간, 심지어 몇 년간 발견되지 않는 것과도 연관이 있다. 많은 경우에는 냄새 때문에 발견된다. 값싼 건축자재로 지은 건물에서는 물로 인한 피해가 발생하기도 한다. 윗집 바닥에 놓인 시신 때문에 아랫집 천장에 액체가 방울로 맺혀 떨어지는 것이다. 가끔은 시신이 융해되어, 말하자면 큰 웅덩이를 이루기도 하고 미라화되기도 한다. 게다가 부패균 때문에 가스가 생성되면 시신이 팽창되기도 한다. 이러한 팽창 현상 때문에 일부 시신은 입이 벌어져 있기도 하고, 다리를 넓게 벌린 모습을 하고 있기도 하다. 혈액은 그 구성 요소로 용해되고, 부패의 결과로 생기는 붉은색을 띠는 액체가 입과 코로 흘러나온다.

때때로 부패한 시신의 사망진단서에는 토혈 혹은 위장 출혈이 적히기도 하지만 많은 경우에 이는 사실이 아니다. 뱀파이어 미신도 아마 부분적으로는 중세 시대 사람들이 부패한 시신을 관찰한 것에 기반을 두고 있을 수 있다. 그 시신들은 이상하게 뚱뚱하고 '영양 상태가 좋아' 보였을 것이며, 입과 코에서는 '피'가 흘러내렸을 것이다. 이것을 보고 '혹시 밤에 살아 있는 사람들을 잡아서 그들로부터 피를 빨아들인 거 아닌가?'라고 생각했을 수도 있다.

다시 리히텐베르크에서 사망한 기술자 아담의 이야기로 돌아오면, 우리는 부검실에서 시신을 다시 맞추어보았다. 모든 것이 맞았고 소실된 것은 없었다. 상체의 부패가 이미 많이 진행된 상태였기 때문에 경찰에게 알려줄 수 있는 건 많지 않았다. 다만 피살자의 시신에서 발견된 사항들이 조사 결과와 모순되지 않는다는 정도였다. 그만하면 아무 정보도 없는 상태보다는 나았다. 그리고 아담은 최소한 온전한 상태로 존엄성을 지키며 장례를 치를 수 있었다.

Chapter 11

행방불명

법의학에서 익사체를 다루는 시기에는 성수기와 비수기가 있다. 불경스럽지만 이렇게 표현할 수밖에 없다. 가을이나 겨울에 물 아래로 가라앉은 시신은 날이 따뜻해져서야 다시 드러나기 때문이다. 그 시기는 늦으면 4월이나 5월쯤이다.

살해당한 시신뿐만 아니라, 자살하거나 사고로 익사한 시신들도 마찬가지이다. 시간이 지나면 시신에서 부패균이 가스를 생성하면서 부력이 생기게 된다. 차가운 물은 이 과정을 지연시키고, 따뜻한 물은 촉진한다. 가스가 충분히 생성되면 (시신은 그에 따라 거의 풍선과 같이 부풀어 오른 상태가 된다) 옷을 입은 시신도 문제없이 위로 떠오른다. 익사체를 끝끝내 찾지 못한 경우는, 어떤 이유에서인지는 모르지만 (예를 들면 선박의 스크루프로펠러 같은 요인에 의해) 공기로 가득 찬 내장이나 복부가 열렸을 것이라고 간주해야 한다. 온전한 시신이 영원히 수면 아래 머물러 있는 것은 대부분 불가능하다. 몸에 중량 벨트나 벽돌을 달아도 시신을 영원히 가라앉힐 수는 없다.

후각적인 측면을 고려하면 익사체는 법의학에서 마주하는 가장 큰 난제이다. 부검할 때 일상적으로 하는, 위장 내용물을 별도의 용기에 모아서 보관하는 작업 정도를 제외한다면 말이다. 살아 있는 사람을 상대하는 전문가도 가끔 구토를 느낄 때가 있는데, 죽은 이들을 대할 때도 다르지 않다. 나는 평소에 결코 민감한 사람이 아니다. 하지만 해초와 물고기, 부패의 냄새가 뒤섞인 익사체 특유의 냄새는 정말이지 참기 어렵다.

몇 년 전에 별난 사건이 하나 있었다. 앞서 설명한 것처럼 부검실은 냉방시설과 공기흡입시설을 갖추고 있고, 시신은 냉장 상태로 보관된다. 그래서 대부분의 법의학자들은 시신의 냄새를 잘 견디며 냄새 때문에 마스크를 착용하는 사람들은 소수에 불과하다. 하지만 지붕 위의 상황은 다르다. 그곳에서는 여러 흡입시설에서 모인 공기가 여과 없이 바깥으로 발산된다. 한번은 한여름에 작업자들이 지붕에 타르를 도포하기 위해 바쁘게 움직이고 있었다. 그런데 작업을 시작한 지 몇 분이 채 되지 않아, 일하던 수습공이 지붕 위에서 갑작스레 구토를 하고 말았다. 아무도 그들에게 그 건물이 어떤 건물인지 알려주지 않았던 것이다.

나의 후각세포는 주기적으로 큰 역경을 견뎌내야 하지만, 그렇다고 후각을 배제하는 일은 절대 없을 것이다. 부검에서 코는 중요한 도구가 되기 때문이다. 예를 들면 체강이 열릴 때 시신에서 나는 과일향은 알코올화를 암시한다. 신부전증일 때는 확실한 요독증의 냄새가 난다. 그러나 가끔은 시신에서 완전히 다른 냄새가 나는 경우도 있다.

"여기요! 냄새가 나요!" 내 목소리는 평소와 다르게 크고 흥분되어 있었다. 그도 그럴 것이 당시에 내가 처했던 상황이 일반적이지는 않았다. 나는 타는 냄새, 숯내, 그리고 벤진 냄새를 맡았다. 그러면서도 의심할 여지없이 부패의 냄새, 시신의 냄새도 났다. 여기 어딘가에 우리가 찾는 사라진 여인이 있는 게 분명했다. 나는 여러 가지가 섞인 그 냄새를 맡으며, 눈으로는 여섯 명의 경찰이 30분 동안 베를린의 점토질 바닥에 열심히 파놓은 큰 구덩이를 살피고 있었다. 그러나 아직은 아무것도 발견되지 않았다. 우리의 눈에는 모래, 진흙, 돌, 유리 파편만 들어올 뿐이었다. 하지만 찌르는 듯한 그 냄새는 틀림없이 우리에게 맞는 길을 제시하고 있었다.

때는 2015년 12월 말, 매섭게 추웠던 겨울 오후였다. 51세의 마리안네는 3개월이 넘게 행방불명 상태였다. 그녀는 사망한 걸까? 그래서 이곳, 베를린 채석장 호숫가 어딘가에 파묻힌 걸까? 우리는 꽤 오랫동안 추위에 떨면서 버려진 수영장, 마른 갈대숲, 간간이 산책 나온 사람들이 눈으로 인사를 주고받는 좁은 길 사이에 서 있었다. 우리는 조심스럽게 비스듬한 물가를 계속해서 파나갔다. 그리고 그곳에서 옷 조각과 두개골의 곡선이 모습을 드러냈다. 우리는 멈췄다. 이제 어떡하지? 삽으로는 손상 없이 희생자의 잔해를 발굴할 수 없었다. 점토질의 바닥은 거의 제거가 불가능했고, 무리해서 발굴하다가는 흔적과 단서까지 망칠 위험이 있었다. 여기에 오기까지 내 코는 나를 실망시키지 않았다. 이제부터는 기발한 아이디어가 필요했다. 법의학자들이 발굴 경험이 있는 것은 맞지만, 보통은 소규모의 팀을 이뤄 검찰의 지시에 따라 새벽 2시에서 5시 사이에 공동묘지에서 매우 전문적으로 진행한다. 새벽 시간에 진행하는 이유는 다른 사람들이 신경 쓰지 않도록 하기 위함이다. 즉, 이때처럼 밝은 대낮에 누구에게나 공개된 부지에서 커다란 구덩이를 파는 일은 매우 드물다.

시간을 조금 더 거슬러 올라가 2015년 가을로 돌아가자. 수만, 수십만 명의 난민들이 밤사이에 독일로 건너왔다. 온 나라가 혼란스럽던 시기였다. '난민 환영!'이라는 팻말이 곳곳에 보이고, 기차역에는 자원봉사자들이 난민들에게 줄 음식과 옷을 들고 모였다. 시리아와 아프가니스탄에서 온 아이들에게 장난감을 주는 이들도 있었다. 많은 학교의 체육관이 임시 거처로 활용되었다. 법의학 연구소는 난민 등록처인 베를린주 보건복지청과 맞닿아 있었기 때문에, 우리 또한 난민의 급격한 유입을 실감했다. 평소라면 조용했을 모아비트 지역에서 일어난 새로운 변화였다.

이 모든 격동이 마리안네의 삶에서는 크게 느껴지지 않았다. 마리안네는 일찍이 은퇴하고 연금생활자가 되어 베를린 미테 지역의 소박한 아파트에 살고 있었다. 독일의 수도, 그것도 중심부에 살고 있었지만, 그녀는 정치에 특별히 관심이 없었다. 자신의 삶을 살기도 바빴기 때문이다. 마리안네는 과거에 약물의존, 그리고 우울증과 싸웠지만 지금은 잘 지내고 있었다. 몇몇 이웃들과 친밀한 관계를 유지했으며, 여동생과도 종종 연락하며 지냈다. 가끔은 청소를 하러 가거나, 가계에 작은 보탬이 되고자 벼룩시장을 방문했다. 얼마 전 그녀는 크리스라는 남성과 그의 여자 친구 수지와 함께 슈테글리츠Steglitz에 사는 지인의 집에서 차양을 가지고 왔다. 다음에 열릴 벼룩시장에서 이것을 팔 계획이었다. 하지만 그 계획은 지금까지도 실행되지 못했다. 마리안네가 갑자기 사라졌기 때문이다.

마리안네는 지인들에게 쪽지와 짧은 편지를 쓰는 것을 좋아했다. 생일이면 엽서로 친구들에게 축하 메시지를 전하고, 일상에서는 이웃들에게 짧은 메모를 적어 편지함에 넣어두곤 했다. 이상한 점은 사람들은 여전히 마리안네의 쪽지를 받지만, 몇 주째 그녀를 본 사람은 없다는 것이었다. 46세의 여성 수지만이 마리안네의 집에 찾아가 자동응답기를 확인하고, 편지함을 비울 뿐이었다. "마리안네는 재활원에 갔어요. 몇 주 동안 집을 비울 겁니다." 마리안네의 행방을 묻는 모두에게 수지는 그렇게 답했다.

10월이 되자 마리안네의 여동생은 상황이 심상치 않다고 느꼈다. 몇 주째 잘 살아 있다는 연락 한 통 없다는 게, 마리안네의 평소 행동과는 너무 달랐다. 그래서 마리안네의 여동생은 베를린 경찰에 실종 신고를 접수했다. 경찰들은 이 사건을 심각하게 받아들였고, 10월 말에 마리안네의 집 문을 부수고 들어갔다. 하지만 집에는 아무 단서도 없었다. 집 안은 벼룩시장에서 구한 잡동사니, 수많은 낡은 자전거, 온갖 물건들로 가득 차 있었지만 범죄의 흔적은 없었다. 어쩌면 재활원에 갔다는 이야기가 맞는지도 몰랐다. 게다가 사라진 마리안네는 있고 싶은 곳에 있고, 머물고 싶은 곳에 머물러도 되는 성인이었다.

그로부터 얼마 동안의 시간이 흐른 뒤에, 마치 자신이 살아 있다는 사실을 증명이라도 하듯 다수의 엽서가 베를린에 도착했다. 모든 엽서는 함부르크에서 온 것이었다. 마리안네는 친구와 이웃들에게 자신이 잘 지내고 있으며, 잠시 집을 떠나 있을 예정이라고 적었다. 이상한 점은 엽서에 적힌 필체가 평소와는 달랐다는 것이다. 그리고 마리안네는 원래 편지를 끝맺을 때 항상 "사랑을 담아, 마리안네"라고 적는데 이번에 온 엽서들은 "그럼 이만, 마리안네"로 끝나 있었다. 이제는 그녀의 친구들뿐만 아니라 수사관들도 점점 더 의심스럽게 여기게 되었다. 하지만 집중적인 수색에도 불구하고 마리안네의 흔적이나 그녀의 실종과 관련이 있을 만한 어떤 단서도 찾을 수가 없었다.

　친척과 이웃이 사람을 찾아달라고 강력하게 요청하고, 경찰이 그 일을 조사하는 건 당연한 일이 아니다. 우리는 몇 년 동안 찾는 사람도 없고, 잘 지내고 있는지 집을 봐주는 사람도 없는 시신을 부검대 위에서 자주 마주한다. 동료 중 한 명이 수년 전에 조사했던 사건은 특히 더 기이했다. 노년의 한 남성이 갑자기 사라진 사건이었다. 무려 4년 동안 그의 친구, 이웃, 친척들은 이 연금생활자가 '휴가 중'이라고 확신했다. 처음에 이 소문이 어떻게 돌게 된 것인지는 알 길이 없다. 편지함이 넘쳐 흐르면, 이웃 중 한 명이 편지를 손으로 모아 자루에 넣고 지하실에 두었다. 그렇게 하면서도 경찰서에 가는 사람은 없었다. 하긴, 그럴 이유가 뭐 있겠는가? 그는 '휴가 중'이지 않은가? 그 남성은 사망한 상태로 집에 쓰러져 있었다. 연금은 그에게 매달

꼬박꼬박 지급되었으며 가스비, 수도료와 전기료는 자동이체로 처리되었다. 그를 찾을 수 있었던 것은 공교롭게도 독일의 도량기 검정법 덕분이었다. 과연 의미가 있는 법인지에 대해서는 의견이 분분한 이 제도는 개별 가정의 수도계량기를 4년마다 새것으로 교체해야 한다고 규정하고 있다. 사망한 남성의 수도계량기를 바꿀 시기가 되자 상수도시설에서 서면으로 일정 약속과 관련한 메시지를 보냈다. 물론, 그 남성에게서는 답이 없었다. 이 남성이 어디 갔냐는 상수도시설 직원의 질문에 이웃은 이렇게 답했다. "그 사람 휴가 갔어요." 상수도시설 직원이 그다음 번 시도에도 같은 대답을 들었을 때, 그는 경찰에 신고해 집 안으로 들어갔다. 그곳에서 사람들을 맞이한 것은 한 구의 미라였다.

인체가 사후에 분해가 되는지, 된다면 어떻게 되는지는 주변 온도와 깊은 관련이 있다. 공기의 습도가 상대적으로 높으면 시신은 며칠 안에 부패한다. 반면 날씨가 따뜻하고, 창문이 열려 있거나 지속적으로 바람이 불어올 수 있는 환경이면 시신은 말라버릴 수도 있다. 그렇게 몇 달이 지나면 집 안에서는 더 이상 냄새가 나지 않는다.

독일의 모든 대도시에는 이와 비슷한 이야기가 있다. 함부르크의 법의학자들은 최근 13년 동안 자신의 집에서 누구에게도 발견되지 않은 채로 누워 있던 시신에 대해 발표했다. 메클렌

부르크포어포메른Mecklenburg-Vorpommern에서는 한 다락방에서 25년 만에 사망자가 발견된 사건도 있었다. 함부르크의 또 다른 사건에서는 누군가가 텔레비전 앞 소파에 마치 해골처럼 5년 동안 앉아 있었다. 바로 옆집에 살던 이웃은 다섯 번째 여름이 되어서야, 그의 거실 창문에 크리스마스 장식이 너무 오래 빛나고 있다는 사실을 깨달았다.

그러나 마리안네의 사건은 달랐다. 일찍이 수상하다는 의심이 있었고, 2015년 가을에는 계속해서 무언가가 잘못되었다는 암시가 있었다. 10월과 11월에 걸쳐 마리안네의 계좌에는 두 차례의 이체가 있었다. 한 번은 수지에게 200유로를, 다른 한 번은 어떤 지인에게 비슷한 금액을 이체했다. 두 이체 건 모두 매우 이례적인 일이었다. 마리안네는 두 사람에게 현금을 보낸 적이 한 번도 없었기 때문이다. 여전히 마리안네로부터 소식이 들어올 때가 있었다. 실종 신고를 맡은 경찰에게는 심지어 메일이 오기도 했다. "저는 여행 중입니다. 별일 없습니다." 발신자는 Marianne.F@gmx.de로 되어 있었다. 하지만 실종자는 지금까지 이 이메일을 사용한 적이 없었다.

만약 범인이 똑똑했다면, 애초에 범죄를 저지르지 않았을 것이다. 특히 살인은 절대 저지르지 않았을 것이다. 중범죄의 경우 진상이 밝혀질 확률은 거의 백 퍼센트이기 때문이다. 살인사건 전담수사팀은 거의 모든 사건을 해결한다. 나는 수사관들이 얼마나 철저하고 끈기 있게 일을 해내는지 보았다. 만약 내가 가해자의 입장이라면 이들에게 쫓기고 싶지 않을 것이다. 그들은 어떤 일이 있어도 포기하지 않는다. 의심할 만한 근거가 있는 상황이라면 절대로 손을 놓지 않는다. 그리고 이들은 다양한 전문 기술을 사용할 줄 알고, 개인 역량이 뛰어나고, 전략적으로 사고하는 똑똑한 사람들이다.

독일의 2015년 가을은 정치적, 사회적으로 비상 상황이었지만 수사관들은 이 사건을 그냥 묻은 채로 넘어가지 않았다. 오히려 그 반대였다. 경찰은 몇 주에 걸쳐 가능한 모든 방향으로 수색 작전을 펼쳤다. 시간이 갈수록 마리안네가 이미 사망했을 거라는 의견에 무게가 실렸다. 그렇다면 시신은 어디에 있는 걸까? 그리고 크리스와 수지는 이 일과 관련이 있는 걸까? 벼룩시장에서 판매하려던 차양을 두고 세 사람 사이에서 싸움이라도 났던 걸까? 수지는 전과 기록이 깨끗한 사람은 아니었다. 공격적인 성향을 지니고 있으며 절도죄, 장물죄, 상해죄 등으로 유죄 판결을 받은 적이 있었다.

2015년 11월 말, 경찰은 마리안네의 집을 다시 찾았다. 이번에는 사체 탐지견과 함께였다. 그럼에도 집 안에서는 시신의 흔적이 발견되지 않았다. 대신 이번에는 형광물질의 도움으로 혈흔을 찾아낼 수 있었다. 표면적으로는 깨끗하게 닦여 있었지만 블랙 라이트를 쐬자 대규모의 유혈 사태가 있었음이 드러났다. 바닥, 욕조, 세면대 등 집 안 모든 곳이 밝게 빛났다. 그리고 며칠 후 나온 DNA 검사 결과를 통해 모두가 예상했던 바가 공식적으로 확인되었다. 집에서 발견된 혈액은 사라진 마리안네의 것이었다.

12월 중순, 크리스와 수지가 체포되었고 신문을 받았다. 휴대폰 데이터를 검사한 결과, 그들은 마리안네가 사라진 당일뿐만 아니라 그 이후에도 여러 차례 그녀의 집을 방문한 것으로 나타났다. 게다가 2015년 9월 말 어느 날 밤에는 몇 시간씩 채석장 호숫가 근처에 머물기도 했다. 그곳에 마리안네의 시신을 묻은 걸까? 이 커플은 자신들의 지출을 매우 깔끔하게 정리해 두었는데, 수지의 압수된 가계부에는 9월 말에 다음과 같은 기록이 남아 있었다. '양철통, 휘발유: 7.50유로' 수지는 결국 신문 과정에서 자신들이 마리안네의 시신을 토막 내어 불에 태웠다고 인정했다. 하지만 마리안네의 사망 자체는 맹세컨대 자신과도, 남자 친구 크리스와도 관련이 없다고 했다.

"시신은 어디에 있습니까?"

"채석장 호숫가요."

어느새 크리스마스가 되었지만 수사팀은 시간을 지체하고 싶지 않았다. 그 즉시 호숫가 주변 탐색 작업이 시작되었다. 하지만 성과는 없었다. 법의학 연구소로 전달된 것은 바비큐 파티

때 누군가가 먹고 남은 티본 스테이크의 흔적, 부패한 야생 돼지뼈 같은 것들이었다. 나는 수사팀으로부터 그것을 전달받을 때마다 계속해서 고개를 저으며 답했다. "사람의 유해가 아닙니다."

연휴 기간이 지난 후에야 수지는 더 상세한 지리 정보를 넘겼다. 그녀는 수갑을 찬 채로 수감자 이송 차량을 타고 호숫가로 향했다. 그곳에서 그녀는 물가로부터 5미터 정도 떨어진 경사면을 가리켰다. "여기를 파보세요." 믿기 어려웠다. 이곳은 매일 같이 수십 명의 사람들이 개를 산책시키며 지나는 곳이 아닌가? 우리가 그곳에 서 있는 동안에도 한 남성이 자신의 개와 함께 지나갔다. 그런데도 그 개는 어떤 반응도 보이지 않았다. 우리는 서로를 의심에 가득 찬 눈빛으로 쳐다보았다. 어쨌거나 그 정보가 사실인지 아닌지 확인해야 했다. 경찰은 용의자를 다시 연행했고, 차에서 삽을 가져왔다.

그렇게 우리는 커다란 진흙 구덩이 앞에 서 있었다. 50센티미터 정도의 깊이를 파 내려가자, 두 개의 보도블록 타일이 나왔다. 그 주변으로는 한 무더기의 유리 파편이 묻혀 있었다. 이곳을 파헤치려는 동물들을 막기 위함인 것 같았다.

호수 주변은 자연보호구역이었다. 나는 그 장소를 잘 알고 있었고, 가끔 들르기도 했다. 갈대숲에 둘러싸인 작은 수영 공간은 꽤 목가적이었다. 나체주의자들이 어수선하게 북적이고, 조금 멀리 떨어진 곳에는 카레 소시지를 파는 가판대도 있었다. 말하자면, 이곳은 전형적인 베를린스러운 장소였다. 하지만 그 차디찬 겨울날에는 홀가분하고 한가로운 여름 분위기를 느낄 수 없었다. 어쩌면 이곳 땅 밑에는 반쯤 새카맣게 타버린 유해가 부패한 상태로 3개월째 묻혀 있을 수도 있었다. 그녀는 잔혹하게 살해됐을 가능성이 컸다. 이제 살인사건 전담팀에게 필요한 것은 증거였다.

우리는 시신을 발견한 장소를 에워싸고 함께 고민했다. 이론적으로는 고고학자처럼 브러시 같은 도구를 사용해 뼈와 옷조각들을 빼낼 수 있을 것이다. 하지만 그 방법은 아마 며칠, 어쩌면 몇 주도 걸릴 수 있었다. 나는 한 걸음 물러나, 떠올린 장면을 머릿속으로 재생해 보았다. 진흙 바닥의 깊은 구덩이, 호숫가의 경사면, 그리고 거기에 맞닿아 있는 어둡고 잔잔한 물. 그리고 잠시 후 외쳤다. "꺼낼 방법을 찾은 것 같아요!"

내가 떠올린 계획은 이러했다. 일단 발굴 장소로부터 경사면을 지나 물가까지 이어지는 좁은 배수로를 파낸다. 그 길이는 아마 6미터에서 8미터가량 될 것이다. 배수로의 아래쪽 끝에 거름망을 설치한다. 구덩이를 호숫물로 가득 채우면, 흙과 함께 급경사를 따라 호수로 물이 흘러 들어갈 것이다. 그 방법으로 우리는 시신을 둘러싼 흙을 제거하고자 했다. 배수로 끝에는 거름망이 있으므로 유해를 흘려버릴 일은 없었다.

수사팀장은 이 아이디어에 동의했다. "오케이, 그 방법으로 한번 해봅시다." 증거 보전 담당팀의 동료들도 동의했다. 어차피 시신이 토막 난 채로 불에 태워져 호숫가에 묻힌 지 3개월도 넘은 상태였기 때문에, 가해자의 DNA나 지문이 남아 있을 거라는 기대는 하지 않았다. 잠시 후 소방대가 현장에 도착했고, 계획을 실행할 준비를 마쳤다. 그 과정에서 아주 작은 문제가 하나 있었다. 소방대원들에게 수중 펌프가 없었던 것이다. 수중 펌프는 못에서 물을 끌어 쓰는 지방 소방대에서는 필수품이었지만 이곳은 그렇지 않았다. 그쯤이야 해결할 수 있는 문제였다. 우리는 수중 펌프를 요청했고, 곧 전달받았다. 자, 그럼 시작해 볼까. 물론 나는 구급대원으로 일했던 사람이기에 직접 소방호스를 들고 작업에 참여할 기회를 놓치지 않았다.

즉흥적으로 생각한 방법은 대성공이었다. 우리는 곧 마리안네의 시신이 어떤 상태로 놓여 있었는지 확인할 수 있었다. 이후 현장 보고서에 적었던 내용은 다음과 같다.

"골격의 조각들은 마치 양탄자 위에 쌓인 검게 탄 숯처럼 놓여 있다. 개별적으로 살펴보면, 화상의 흔적이 뚜렷하게 드러나는 사람의 두개골, 우측 견갑골과 이어져 있는 상부 흉추의 일부, 골반 구조의 일부, 그리고 직물 조각과 불에 탄 회색 쓰레기봉투, 그 밖에 갈비뼈를 포함해 여러 개의 작은, 검게 그을린 뼈의 잔해가 있다."

시신의 팔과 다리는 끝끝내 찾을 수 없었다. 내 추측으로, 팔과 다리는 완전히 탄화되어 으스러진 것 같았다. 몸통과 골반, 두개골이 사지보다 더 높은 열을 견딘다는 점을 생각하면 이상한 일은 아니었다. 시신을 불에 태울 때는 지게차로 화물을 쌓을 때 사용되는 팰릿이 사용된 것 같았다. 그에 맞는 못과 나뭇조각들이 같이 발견되었다.

우리는 밤 10시까지 유해를 씻어내고, 진흙 속을 뒤지고, 추가적인 뼈와 치아, 남아 있는 피부, 부패한 장기 등을 찾고 옷과 비닐봉지 조각을 구덩이에서 끄집어냈다. 최종적으로 우리가 찾은 모든 것은 두 개의 봉지 안에 모두 들어갔다. 그리고 이 것은 법의학 연구소 차량에 실렸다. 잔해를 위해서도 영구차가 필요한 법이다.

다음 날 아침, 부검대 위에서는 퍼즐 맞추기가 시작되었다. 아래턱의 일부 치아는 보존되어 있었다. 치아의 충전재와 마리안네를 담당했던 치과의사의 서류를 비교해 보면 신원을 확인할 수 있을 것이었다. 불에 타고 너덜너덜해진 옷 조각도 자세히 살펴보았다. 어쩌면 칼에 찔린 자국 같은 손상의 흔적이 있을 수도 있었다. 만약 마리안네가 옷을 입은 상태에서 칼에 찔렸다면, 이론적으로 그 자국이 남아 있어야 했다. 하지만 티셔츠와 속옷

상의 조각은 큰 도움이 되지 못했다. 상의는 불 때문에 거의 완전히 망가져 있었다.

수지는 여전히 시신을 불에 태운 것과 유기한 것 외에 모든 혐의를 강력하게 부인하고 있었다. 그리고 남자 친구인 크리스는 침묵을 택했다. 그것은 그의 정당한 권리였다. 어쨌든 이번에는 수지가 수사관들을 위해 새로운 이야기를 준비했다. 그녀의 이야기에 따르면, '카롤라'라는 이름의 지인이 있었고 마리안네와 그 여성 사이에 다툼이 있었다고 했다. 그런데 마리안네의 주변 사람들에게 물어보니, 아무도 '카롤라'에 대해 아는 사람이 없었다. 그리고 마리안네가 '카롤라'와 함께 있는 것을 봤다는 사람도 없었다. 수지도 그 수상한 가해자와 관련한 진술에서 이상하게 모호한 태도를 보였다. "그녀의 성이 뭡니까?" "모릅니다." "어디에 사는 사람이죠?" "모르겠어요." "연락을 취할 수 있나요?" "아니요."

경찰은 마리안네가 사망했다는 사실을 확인했지만 아직도 그녀가 어떻게 사망한 것인지 알지 못했고, 12월 중순부터 미결 구류 중인 이 두 사람이 정말 살인을 저지른 것인지 확인할 만한 단서가 전혀 없었다. 남은 희망은 부검밖에 없었다. 더 정확히 말하면, 가장 잘 유지된 신체 부위인 두개골밖에 없었다. 과연 여기서 이 사건의 실마리를 찾을 수 있을까?

두개골에서 발견된 것이 있었다.

"두개골은 따로 분리되어 있으며 두피는 오른쪽과 뒤쪽 부위에만 남아 있고, 휘발유 냄새가 나며 신흙과 흙이 묻어 있다. (…) 남아 있는 두피 부분에는 오른쪽 뒷부분, 귀로부터 약 2cm 위쪽, 모자를 썼을 때 가장자리가 위치하는 라인에 3cm가량의 비스듬하고 거친 경계선을 보이는 열상 및 타박상이 확인된다. (…) 유지된 두피는, 앞서 언급한 열상을 포함하는 두개골 덮개로부터 분리하여 자세히 살펴본다. 열상은 두피에서부터 두개골까지를 완전히 관통한다. 손상의 주변으로는 안쪽으로 가로세로 각 4cm 정도의 섬세하고, 전반적으로 형태가 없는, 얇은 층의 출혈이 발견된다."

머리 부상이라니! 일반 사람들의 시각으로는 이제 사건이 해결됐다고 생각할 수도 있다. '범행 과정: 다툼, 폭행, 쓰러짐, 사망. 어쨌든 수사관들이 수집한 정황 근거들은 그쪽 방향을 가리키고 있지 않은가. 여기에 두개골 손상과 관련한 정보가 추가되었으니, 드디어 퍼즐이 완전히 맞춰졌네!'라고 말이다.

유감스럽게도 그렇지는 않았다. 사망자에게서 두개골 골절이나 뇌출혈이 나타나지는 않았기 때문이다.

"뇌는 두개강 내에 위치하며, 두개강을 완전히 채우지 못하고 확연하게 축소된 모습이다. 열에 의해 고정되고 경화되었으며 부패로 심하게 변형되었다. 뇌는 층으로 구분되는데, 수질과 피질은 아직 경계가 남아 있는 반면, 뇌실계통과 뇌동맥은 뚜렷하게 구분하기 어렵다. 뇌에서 혈액 침전물이 확인되지는 않으며, 관련이 있는 두개내출혈의 단서도 보이지 않는다. 결절이나 뭉친 곳도 없다."

마리안네의 머리에서 찾은 커다란 열상은 표면적으로는 눈에 띌지 모르나, 그 자체로 치명적이지는 않았다. 특히, 두개골까지 손상될 정도는 아니었다는 점에서 그랬다. 물론 두개골이 손상되지 않아도, 뇌에 심한 충격을 받아 피를 흘리기 시작하면 뇌출혈로 사망에 이르는 경우가 있다. 하지만 그랬다면 두개강 내에서 출혈의 흔적이라도 찾을 수 있어야 했다.

우리가 찾아낸 것은 두피의 출혈로, 이것은 마리안네의 열상이 살아 있는 동안에 생겼음을 의미했다. 출혈은 아마도 푸른 멍이 되었을 것이고, 열상은 커다란 흉터로 변했을 것이다. 그러나 그것뿐이다. 그것이 사망에 이를 만한 원인은 되지 않는다. 두피의 출혈이 바깥쪽으로 일어나지 않는 이상은 불가능했다. 이것은 이론적으로는 가능하지만, 가능성은 희박했다. 두개골 내부, 소위 말하는 '경막외'(뇌막 가장 바깥쪽의 두껍고 튼튼한 막 위)에 고여 있는 혈액을 발견했다고 해도 이 경우라면 아무것도 증명하지 못했을 것이다. 둔기에 의해 머리에 가해지는 치명적인 폭력의 징후는, 시신을 불에 태우면서 사후에도 나타날 수 있기 때문이다. 두개골이 높은 열에 노출되면 튼튼한 뇌막의 혈관이 찢어질 수 있고, 그에 따라 혈액 덩어리가 생길 수 있다. 이를 '화상으로 인한 경막외혈종'이라고 부른다. 결과적으로 우리에게 실마리를 제공해 줄 수 있는 것은 머리의 부상밖에 없었다. 마리안네가 겪었을 것이라고 추정되는 범죄에서 그 부상이 우리에게 말하는 건 무엇일까?

첫 번째로 생각해 볼 수 있는 것은 마리안네를 궁극적으로는 죽음에까지 이르게 한, 매우 폭력적이고 격한 공격을 머리에 가해 생겼을 상처일 가능성이다.

하지만 상처의 위치가 모자 가장자리가 올 법한 자리인 것으로 미루어 보아 누군가에 의해 밀리거나, 툭 치였거나, 몸싸움을 하는 과정에서 불행히도 추락하여 생긴 것일 수도 있다. 이것이 두 번째 가능성이다.

세 번째로 떠올릴 수 있는 상황은 외부 자극과는 전혀 관계없이, 그녀가 바닥이 울퉁불퉁한 곳에서 넘어졌고 그 과정에서 머리를 다쳐 피가 났을 가능성이다. (이 해석은 나중에 용의자인 수지의 마음에 너무나 쏙 들어서, 분명 그랬을 것이라고 의견을 굳히는 계기가 되었다.)

네 번째는 완전히 다른 원인에 의한 추락 가능성이다. 예를 들면 심장마비 같은 이유를 생각할 수 있다. 마리안네의 심장과 뇌는 부패가 이미 많이 진행되어 심하게 변형된 상태라 매우 제한된 범위에서만 분석할 수 있었고, 이와 같은 가능성도 완전히 배제할 수는 없었다.

요약하자면, 우리는 시신을 (적어도 부분적으로) 찾고 부검했으나, 그럼에도 알아낸 것이 없었다. 이 또한 법의학에서 드물지 않게 일어나는 일이다. 가끔 어떤 사건에서는 촉이 서기도 하고, 강한 의심이 들기도 하지만 이러한 의심은 사적으로만 표현할 수 있을 뿐 감정인으로서는 내세울 수 없는 주장들이다. 전문가의 입장에서 의견을 제시할 때는 사실에 근거한 내용만을 말해야 한다.

"부검 후에도 사망 원인과 사망 유형은 명확하지 않다.
사망 원인: 불명확.
사망 유형: 불확실."

법원에 제출한 감정서에는 이와 같이 적었다.

검찰 측에서 이 내용을 마음에 들어하지 않은 것은 놀랍지 않다. 하지만 부검에서 나타난 단서들이 모두 모호했기 때문에 나로서도 어쩔 수 없었다. 수지는 유죄판결을 받겠지만, 어쨌거나 남자 친구와 함께 살인을 저질렀다는 확실한 증거가 있는 경우보다는 훨씬 낮은 형량을 받게 될 것이었다.

그래서 마리안네는 무엇 때문에 사망했을까? 나는 싸움 중
흉기에 찔렸을 가능성에 무게를 두지만, 지금까지도 이를 증명
할 방법은 없다. 확실한 사실 한 가지는, 호숫가에서 그녀의 시
신을 발굴했던 과정이 마치 영화와도 같았다는 것이다.

Chapter 12

최후의 사투

법의학 연구소 복도에는 작은 책상 하나가 놓여 있다. 이곳에는 부검 후 시신과 관련한 주요 데이터를 수기로 적어두는 큰 노트와 함께 공용 컴퓨터가 한 대 있다. 투박한 모양의 오래되고 부피가 큰 컴퓨터이지만, 인터넷이 가능하다. 바쁘지 않을 때면 부검을 돕는 인턴들이 지역 온라인 포털에 새 소식이 올라왔는지 확인하거나, 베를린 경찰청 웹사이트를 살펴본다. 오늘은 무슨 일이 일어났나? 사고나 총격, 살인사건이 있었나? 곧 우리 부검대 위에 누군가가 올라오게 되려나?

　그러던 어느 금요일, 우리가 아직 전달받지 못한 막 발생한 사건 하나를 인터넷에서 찾게 되었다.

"금일 오전 9시경, 엘제서 거리 광장에 중상을 입은 남성이 쓰러져 있어 경찰과 소방대가 출동했다. 현재까지 알려진 바에 의하면 25세인 이 남성은 인근 건물 4층에서 뛰어내렸다. 경찰은 해당 아파트를 조사하던 중, 칼에 찔려 사망한 24세 여성을 발견했다. (…) 중상을 입은 남성이 여성을 살해한 강력한 용의자로 지목된다."

중범죄로 의심되는 사건이 바로 옆 동네에서 발생했고, 그로 인해 한 명의 사망자와 한 명의 중상자가 생겼는데 아무도 우리를 범죄 현장에 부르지 않았다고? 우리는 바로 그 지역 살인 사건 수사팀으로 전화를 걸었다. "저희 출동해야 하나요?" 그러나 현장에 출동해 있던 팀장이 대답했다. "아니요, 현장 상황은 확실합니다. 오실 필요 없어요. 저희가 곧 사망자를 연구소로 이송해 가겠습니다."

나는 현장에 가는 것을 좋아한다. 시신에서 발견한 상처와 시신이 발견된 장소에서 나타난 흔적을 맞추는 데에 도움이 되기 때문이다. 예를 들면, 현장에 사망자가 넘어졌을 만한 날카로운 모서리가 있었는지, 주변에 흉기로 사용되었을 만한 무기가 여러 개 놓여 있었는지, 혈액이 어느 방향으로 튀었는지 등의 정보를 확인할 수 있다. 물론 경찰이 촬영한 사진에서도 정보를 얻을 수 있겠지만, 현장에서 바로 확인하는 것을 선호한다. 하지만 이번에는 할 수 없었다. 경찰이 보기에 사실관계와 사건 발생 과정이 한눈에 분명히 파악되면, 우리가 오지 않아도 된다고 판단하기도 한다.

잠시 후 율리아의 시신이 '법의학'이라는 마크가 새겨진 회청색의 수송 차량에 실려 지하에 마련된 진입로를 통해 연구소에 도착했다. 들것에 실린 채로 속이 들여다보이지 않는 흰색 플라스틱 자루에 싸여 있었고, 자루의 지퍼에는 경찰의 분홍빛 압수 태그가 달려 있었으며, 겉에는 검은 사인펜으로 '베를린 범죄수사국, 즉시 부검! 체중 63kg(의류 포함)'이라고 적혀 있었다.

이 젊은 여성에게 무슨 일이 있었던 걸까? 어떤 과정에 걸쳐 범행이 이뤄진 걸까? 용의자를 신문하는 것은 불가능했다. 창문에서 떨어진 후 병원에서 응급수술을 받았기 때문이다. 일단 지금으로서는 법의학 연구소에 도착한 이 24세 여성의 시신만이 수사관들의 질문에 답을 줄 수 있었다. 즉각 실시된 부검에는 법의학자들과 인턴들 외에도 수많은 사람들이 참석했다. 담당 검사, 담당 수사관, 포렌식 전문가, 그리고 범죄수사국의 사진사가 함께 자리했다. 이런 사건은 경찰이 우리가 진행하는 부검을 같이 지켜본다.

그리고 우리가 본 광경은 너무나 처참했다.

"부검대에는 젊은 여성으로 확인된 여성의 시신이 있다. 시신에는 한 번 날카롭게 잘린 직물 소재의 목걸이가 걸려 있다. 착용하고 있는 옷은 다음과 같다. 여유 없이 몸에 꼭 맞는, 천 소재의 레깅스. 이 하의의 윗부분은 피에 흠뻑 젖어 있다. 상체에는 잘 맞는 회색 면 상의를 입고 있으며, 가장 위의 두 단추는 풀려 있다. 상의는 특히 목 부분과 팔, 몸 뒷면에 피가 흥건하다."

젊은 사람을 부검실에서 마주하는 것은 언제나 힘든 일이다. 부모의 상실감은 얼마나 클지 짐작조차 할 수 없다. 예전에도 그랬지만, 내가 부모가 되고 나니 더 힘든 일이 되어버렸다. 연구소에서는 본인이 원하는 경우가 아니면 부모가 된 지 얼마 되지 않은 동료들은 가급적 그런 부검을 맡지 않도록 신경 쓰고 있다. 그 경험은 퇴근 후에도 잔상을 남기기 때문이다.

율리아의 시신에서 조심스럽게 옷을 제거하고 시신을 씻기기 전에, 옷에 있는 모든 구멍(직물 조직에 나타난 결함)을 세심하게 측정하고 검사했다. 그 구멍들은 분명 칼에 찔렸을 때 생겼을 것이었다. 우리에게는 모든 세세한 사항이 중요하다. 그것들이 죽음에 이르기 전의 싸움과 살해 과정을 밝히는 데 결정적으로 도움을 줄 수 있다. 그다음 시신이 어떤 것에도 덮이지 않고 우리 앞에 놓였을 때, 폭력의 전체 규모가 분명해졌다. 가해자는 율리아를 말 그대로 학살했다. 우리에게는 제일 먼저 팔과 손,

발의 상처가 눈에 들어왔다.

"날카로운 폭력에 의한 매우 눈에 띄는, 그리고 일부는 매우 깊
은 능동적 및 수동적 방어흔이 팔뚝과 손에서 발견된다. 세 손
가락(오른손의 검지와 약지, 왼손 엄지)이 절단되었으며 왼팔의 동
맥은 완전히 끊어져 있다. 오른쪽 척골에는 부러진 칼끝이 박혀
있다. 왼쪽 두 번째 발가락에는 자창이 관찰된다."

또한 복벽에는 7센티미터 길이의 깊은 상처가 있었다. 소
장小腸 고리가 복강에서 볼록하게 돌출되어 있었고, 대장大腸까
지 찔려 있었다. 그러나 율리아를 결국 사망하게 한 가장 심각한
부상은 목에서 발견되었다.

"오른쪽의 유양돌기(귓바퀴 바로 뒤쪽에서 아래로 뻗은 관자뼈의 돌
기―옮긴이)에서 왼쪽 귀의 기저부에 이르기까지 목의 전면과 측
면이 가로로 완전히 절단, 상처의 가장자리는 뾰족뾰족한 형태.
목의 전면 및 측면 근육, 분기점 바로 윗부분의 양 경동맥, 목 전
면의 모든 정맥 혈관, 갑상선, 기관 및 식도 역시 완전히 가로로
절단. 날카로운 가로 방향의 절단이 후두부에서 두 차례 이루어
진 흔적, 네 번째 경추의 전면에는 가로 방향으로 두 차례 찌른
흔적이 두 개의 부러진 칼날 조각과 함께 발견된다."

그 젊은 여성의 시신은 거의 참수를 당한 모습이었다. 그것
도 한 번이 아니라, 계속 반복된 절단 시도와 공격으로. 뾰족한
상처의 가장자리와 서로 다른 각도로 절단된 근육과 혈관이 그
사실을 뒷받침하고 있었다. 가해자는 무언가에 사로잡힌 듯이
이 여성의 머리를 분리하려고 했음이 분명했다. 이 시점까지 율
리아가 살아 있었다는 사실은 범죄 현장에서 찍은 사진에 나타
난 핏자국만 보아도 알 수 있었다. 그런 식으로 피가 튀려면, 심
장박동과 혈액순환이 필요하다. 과도하게 팽창되어 마치 풍선
처럼 부풀어 오른 폐에도 피가 가득했다. 기도뿐만 아니라 폐 조
직 자체도 마찬가지였다. 죽어가는 순간 목에 입은 심각한 부상
으로부터 피를 흡입했던 모양이다.

누가 그랬을까? 누가 타인에게 이런 짓을 할까? 도대체 왜
그랬을까?

그로부터 일주일이 지난 후, 나는 가해자의 침상 옆에 서 있
었다. 한눈에 보기에는 아주 평범한 젊은 남성이었고, 보통의 체
격이었으며 머리카락은 붉고 짧았다. 머리카락의 색깔과 길이
는 율리아의 절단된 손끝 마디, 손톱 밑에서 발견했던 딱 한 올
의 머리카락과 일치했다. 침대에 누워 있는 용의자 루카스는 의
식이 없었으며, 인공호흡기로 숨 쉬고 있었고 몸은 금속판과 나
사로 고정되어 있었으며 얼굴은 부어 있었다. 나는 그가 베를린
의 오래된 건물 4층에서, 자전거와 쓰레기통으로 가득한 작은

뒤뜰의 아스팔트 바닥 위로 뛰어내리고도 살아남았다는 사실이 놀라웠다. 의사들은 응급수술을 해서 부러진 뼈와 내출혈을 치료한 뒤, 그를 인위적 혼수상태로 유도했다. 그는 수개월이 지나면 절반 정도는 회복되고 말을 할 수 있는 상태가 될 것으로 추정되었다.

즉, 살인사건 수사팀이 이 엄청나고 기이한 범행의 배경을 조사할 시간은 충분했다. 중환자실에서 내 역할은 기술적인 것에만 국한된다. 나는 그 젊은 남성의 정신 상태를 평가할 수 없다. (그것은 후에 정신과 전문 감정인이 실시할 것이다.) 나의 역할은 단지 그의 모든 부상이 창문에서 뛰어내려서 생긴 것인지, 아니면 율리아의 공격이 그의 신체에 흔적을 남겼는지, 혹은 어쩌면 율리아가 그를 습격하거나 그와의 사투에서 부상을 입혔는지 기록하고 확인하는 것뿐이다.

나는 그의 손에서 딱지가 앉은 몇 개의 작은 상처들을 발견했다.

"치유 상태로 미루어 보아 해당 사건과 관련이 있는, 예를 들면 날카로운 폭력을 능동적으로 가하는 과정에서 칼자루에 손이 미끄러져 생긴 듯한 표면의 자창이 있음."

가해자는 마치 환각에 빠진 사람처럼 격렬하게 피해자를

흉기로 찔렀고 스스로도 여러 차례 칼날에 손을 베인 것이다. 반면, 그에게서 전형적인 방어흔은 나타나지 않았다. 그 말인즉슨 율리아는 루카스을 흉기로 공격하지 않았다.

하지만 그게 무엇을 의미하는 걸까? 치정극이 벌어진 걸까? 아니면 셰어하우스에서 벌어진 싸움인 건가? 그렇다면 갈등이 왜 이렇게까지 치달을 수밖에 없었을까? 경찰은 즉각 루카스의 주변을 조사하기 시작했다. 그 과정에서 그가 벌써 수년째 조현병을 앓고 있었으며 지금까지는 꽤 성공적으로 그 증상을 누르고 숨겨왔음이 밝혀졌다. 그는 자신의 질병에 대해 잘 이해하지 못했던 듯하다. 약도 제때 챙겨 먹지 않았다. 대신 청소년 때부터 대마초를 자주 피웠다. 조현병 증세가 있는 사람에게 전혀 좋은 습관이 아니었다. 어린 시절 당했던 학대와 폭력 때문에 몇 년 전에 심리치료를 받았지만, 거의 도움이 되지 않았던 것 같다. 병역 대체 근무 기간에 정신질환을 앓고 있다는 사실이 눈에 띄었다. 그는 자신이 감시당하고 있다고 생각했고, 그러한 추적망상은 점점 심해져 잠시 입원 치료를 받아야 했다. 그럼에도 그는 자신의 삶을 독립적으로, 그리고 어느 정도 질서 있게 살아가고 있었다. 가장 최근에는 수학을 공부했으며 새로 구성된 셰어하우스의 일원으로 다른 이들과 함께 살았고 여자 친구도 사귀었다. 베를린에서의 삶이 부담스럽게 느껴질 때면, 루카스는 작센안할트주Saxony-Anhalt에 사는 삼촌의 집으로 갔다. 하지만 그에게 많은 약속과 규칙을 따라야 하는 셰어하우스에서의 일상은 점점 더 부담으로 다가왔던 듯하다. 특히 새로운 세입자가 여전히 리모델링 작업 중이라 더욱 그러했을 것이다. 그와 같이 살던 학생들은 이 변덕스러운 세입자와 돈, 방 배정, 설거지, 쓰레기 문제 등으로 다툼이 잦았다고 했다. 루카스는 점점 더 이 집에서 잠을 자는 것을 피하게 됐다.

사건이 일어난 당일에도 그는 아침이 되어서야 집에 들어왔다. 아직 모두가 잠든 시각이었다. 주 세입자인 율리아만을 제외하고. 얼마 지나지 않아 둘은 거실에서 크게 말싸움을 벌였다. 잠시 뒤, 같이 살던 학생들이 큰 소리에 잠에서 깼다. 세 명 중 한 학생이 상황을 보려고 하자, 루카스는 커다란 부엌칼을 들고 다가왔다. 그때 율리아는 그르렁거리는 소리를 내며 피를 흘린 채 거실 바닥에 쓰러져 있었다. "가까이 오지 마! 가까이 오지 말라고!" 범인은 제정신이 아닌 듯 소리를 질렀다. 목숨을 잃을까 봐 두려워진 동거인은 방문을 닫고, 루카스가 들어오지 못하게 방어벽을 쌓았다. 그 전에 먼저 루카스가 있는 방향으로 부엌 선반을 밀쳤다.

루카스가 언젠가 자제력을 잃고 결국 누군가를 죽이게 될 것이라는 사실을 미리 알 수 있었을까? 의사든, 공공기관이든, 병원이든, 보호자든 그가 이렇게 될 것이라는 사실을 알 수 있었을까? 쉽게 답하기 어려운 문제이다.

법의학자가 되기 위해 전문 교육을 받는 동안, 나는 법원의 위임으로 정신질환을 가진 이들의 상태를 감정하는 한 프리랜서 법정 정신의학자와 6개월간 동행했다. 법정 정신의학은 범인의 책임 능력이나 위험성 같은 주제를 다룬다. 이를 통해 사람들이 형을 선고받을지 여부와 그 방법, 국가가 이들을 수용하게 될 장소와 기간 같은 것들을 결정한다. 이러한 일을 담당하는 감정인들은 이미 범죄를 저지른 가해자들을 찾아간다. 그들에게 질문하고, 그들의 정신 상태와 생활환경에 대해 가능한 한 정확하게 파악하고자 한다. 가해자들이 그 질문에 답하는 것은 자유이다. 반드시 무슨 답을 해야 하는 것은 아니다. 하지만 많은 이들은 그들의 머릿속에 있는 이야기를 하고 싶어 한다.

그 6개월간 환자들이 겪는 무서운 환각에 대해 들을 수 있었다. 조현병을 앓는 사람들은 밤이 되면 그들의 침대에 검은 옷을 입은 형상이 나타나며 어떤 특정 행동을 하지 않으면 고문하겠다고 위협한다는 이야기를 해주었다. 방문 아래 틈새로 스며드는 안개가 자신들의 사고능력을 훔쳐가고 생각을 통제한다는 이야기도 했다. 이 모든 기이한 설명에서 꼭 기억해야 할 사실한 가지는, 그 이야기를 하는 사람들에게는 이 모든 시나리오가 실재하는 현실의 두려움으로 다가온다는 것이다. 그들은 현실과 망상을 구분할 수 없다. 분명한 것은, 조현병을 앓는 이들 중많은 사람이 범죄와 거리가 멀고, 증상을 최대한 억제하기 위해

치료를 받고 약물을 복용한다는 사실이다.

법정 정신의학자와 함께 찾아갔던 사람들 중 일부는 단지 가벼운 질서를 위반했을 뿐이었고, 부모님과 함께 살고 있거나 관청에서 지정한 보호자가 있었다. 몇몇 이들은 이미 심각한 범죄를 저질러서 폐쇄병동에 있거나 미결구금 상태에 있었다. 그들은 칼이나 도끼로 주변 사람을 공격하거나, 자신과 전혀 관계없는 행인에게 덤벼들거나, 다른 상상할 수 없는 고통을 가했다. 그런 일이 생기면 법원에서는 누가, 얼마나 큰 위험성을 지녔는지 판단해야 한다. 조현병을 가진 모두가 어느 날 갑자기 폭력성을 보이는 것은 아니지만, 모든 환자가 문제없이 지내는 것도 아니다.

그래서 우리는 한 논문 프로젝트[5]에 착수했다. 오랫동안 감정인으로 일해온 법정 정신의학자이자, 박사 과정을 밟고 있는 학생이 정신질환을 앓는 범죄자가 저지른 살인사건을 조사하기로 했고, 내가 지도를 맡기로 했다. 우리는 지난 몇 년 동안 베를린에서 정신질환자에 의한 살인사건이 얼마나 발생했는지, 범죄가 촉발된 원인과 사건의 경과는 어떠했는지에 관심이 있었다. 희생자는 우연히 그 자리에 있던 사람이었는가, 아니면 정신질환자의 주변 사람이었는가? 그들은 어떻게 살해당했는가? 말 그대로 갑자기, 어떠한 정신적 와해의 징후도 없이 범죄를 저질렀는가? 아니면 이미 눈에 띄는 징후들이 있었지만, 여러 가지 이유로 진지하게 받아들여지지 않거나 제대로 치료받지 못했는가? 아니면 공공정신건강 사회복지과의 인력 부족으로 보살핌과 관리, 감독이 충분히 이뤄지지 않은 것이 문제일까?

논문은 아직 완성되지 않았지만, 일부 결과는 벌써 나와 있다. 조현병 환자의 자살과 마찬가지로, 조현병을 앓고 있는 범인들에게는 기이하거나 충격적인 일을 행할 위험이 훨씬 더 크게 나타났다. 예를 들어 심장에 세 번이 아닌 서른 번의 치명적인 공격을 가하는 식이다. '사망하는 데 필요한 정도'보다 훨씬 과한 상해를 입히는 행동을 가리켜 법의학에서는 '오버킬overkill'이라고 한다. 일반적으로 오버킬 범죄행위는 가해자와 피해자가 가까운 관계라는 것을 가리킨다. 혹은 루카스처럼 정신질환을 앓고 있는 경우가 있다. 두 경우 모두 가해자는 범행을 저지르는 동안 완전히 미쳐버린 상태가 된다.

루카스의 경우, 최근 몇 년 동안 증세가 더 심각해지고 추적망상과 공격성이 더 자주 발현되는 징후를 보였다. 하지만 지금까지는 형법상 큰 범죄를 저지르지 않았고, 그저 대체복무 중 가벼운 위반으로 벌금형을 선고받았을 뿐이었다. 겉으로 보기에는 그가 시한폭탄이었다는 사실을 알아차릴 수 없었다. 범행을 저지르기 전에 전문가에게 감정을 받았어도 그의 위험성을 정확히 진단했을 거라는 보장은 할 수 없다. 오히려 그렇지 못했을 수 있다.

얼마 뒤, 루카스가 혼수상태에서 깨어났다. 수사관과 정신의학자는 그의 진술을 듣고 그의 정신상태를 감정할 모든 준비를 마쳤다. 하지만 이 젊은 남성은 아무것도 기억하지 못했다. 그는 전혀 기억이 없었다. 자신을 보호하기 위한 주장으로 들릴 수도 있지만, 의사와 감정인이 보기에 그의 기억상실은 충분히 그럴 수 있는 일이었다. 우선, 편집증과 환각 증세를 보이는 조현병 환자는 증세를 보이고 난 뒤 당시의 일을 기억하지 못할 수 있었다. 또한, 몇 주 동안의 마취(이것이 곧 '인위적 혼수상태'이다)에서 깨어난 다음에 기억을 잃는 것은 흔히 있는 일이었다. 게다가 루카스는 일명 '단기 정신병적 장애'를 심각하게 앓는 것으로 진단받았다. 그 결과, 범죄와 관련된 모든 기억이 그의 머릿속에서 사라졌다.

끔찍한 일을 당한 희생자를 생각하면 이 젊은 남성을 측은하게 볼 수 없지만, 그럼에도 그 남성의 입장에서 이 사건은 완전히 악몽과도 같은 일이었다. 온몸이 부서질 것같이 아픈 상태로 병원에서 깨어나니, 경찰이 의심의 여지없이 자신이 저질렀다는 한 잔혹한 살인사건에 대해 이야기한다. 하지만 그것에 대해 전혀, 아무것도 기억할 수가 없다.

독일에서 정신질환을 앓는 범죄자들은 일반적으로 징역형을 선고받을 수 없기 때문에, 우리는 이것이 일종의 '백업 절차'가 될 것이라는 사실을 알고 있었다. 루카스는 정신질환을 앓는 범죄자들이 수용되고 치료를 받는 치료감호소에서 오랜 시간을 보낼 가능성이 컸다. 치료감호소는 정신건강의학 폐쇄병동으로, 교도소처럼 보안이 이뤄지는 곳이다. 예방구금과는 다르다. 그곳은 수감 생활을 마쳤지만, 대중에게는 여전히 위험하다고 판단되는 사람들이 수용되는 곳이다. 그들은 의학적인 의미에서 정신질환을 앓는 것은 아니고, 단지 여전히 위험한 사람들이다. 형법 제63조에 따른 예방구금(정신건강의학 병원에 수용)에서는 가해자의 변호사가 형량을 줄이거나 무죄판결을 받으려고 하지 않는다. 그럼에도 모든 증인, 전문가, 감정인이 참석해 진술한다. 법정에서는 해당 범행이 책임을 물을 수 없는 상태에서 이루어진 것인지에 대해 어떤 의심의 여지없이 입증하는 것이 중요하기 때문이다.

몇 달 후 재판이 시작되었을 때, 루카스는 많이 회복된 상태였다. 그는 자신이 저질렀던 일 때문에 여전히 큰 충격에 빠져 있었다. 법정에는 피해자의 친구들이 많이 와 있었고, 젊은 사람들로 가득했다. 독일의 판결은 '국민의 이름으로' 내려지는 것이므로, 성범죄 사건이나 청소년 피고가 비공개 재판을 요구하는 등 특별한 상황이 아니라면 항상 공개로 이루어진다. (그러나 예외적인 경우에서도 '국민'은 비법률가 신분의 시민 법관인 참심원으로 판결 과정에 참여한다.)

항상 그렇듯 경찰공무원, 증인, 의사 등 수사에 관여했던 사람들은 모두 법정에 참석한다. 이는 나치의 독재 이후 독일연방 공화국의 법에 의해 요구되는 바이다. 형사소송에서는 구두변론의 원칙이 적용된다. 제2차세계대전 이후부터 피고인은 나치의 불공정한 사법제도가 그랬던 것처럼 서류 심사만으로 재판을 받아서는 안 된다.

모아비트 투름슈트라세 91번지 형사법원의 분위기는 언제나 특별한 경외심을 불러일으킨다. 그러한 분위기는 웅장한 빌헬름 2세 시대의 건축양식을 보이는 로비에서부터 시작된다. 법정에서도 19세기 프로이센의 미학은 이어진다. 대형사부Große Strafkammer는 세 명의 판사와 두 명의 참심원으로 구성되며, 경우에 따라 재판의 규모가 크면 보조 판사와 보조 참심원을 두기도 한다. 이들은 약간 높은 단 위에 있는 짙은 색의 거대한 판사 테이블 뒤에 앉아 있으며, 왼편에는 법정 서기가 있다. 그 앞 왼편, 상대적으로 약간 낮은 위치에 피고인이 오른편에는 공소참여인들과 전문가들이 앉아 있다. 검찰만이 재판관과 같은 높이로 그 오른쪽에 앉는다. 공간적으로도 국가의 권위가 모두에게 드러난다. 주변을 둘러보면 장엄한 분위기를 자아내는 높은 천장, 벽의 짙은 목재 패널, 몇 미터는 되는 듯한 창문 앞의 굵은 울타리가 눈에 들어온다. 이곳은 음향이 매우 좋지 않아서, 누군가와 대화할 때는 시종일관 목소리를 높여 이야기해야 한다.

나는 현장에 직접 가보지 않았기 때문에 부검 사진을 근거로 소견을 말할 수밖에 없었다. 참심원들도 모든 세부 사항을 이해할 수 있도록, 명확하고도 간단한 단어를 사용해야 했다. 예를 들어 부검 감정서에 '혈액 흡인'과 같은 용어가 적혀 있으면, 그 의미를 풀어 설명했다.

"율리아는 숨을 쉬려고 하는 과정에서 자신의 피를 들이마셨습니다."

"피는 어디서 왔습니까?"

"목에 입은 심각한 부상에서 피가 났습니다."

"그 부상은 어떤 방식으로 생기게 된 것입니까?"

"17센티미터 길이의 날을 가진 칼이 사용됐습니다."

"그러한 칼로 목을 완전히 절단하려면 얼마나 걸립니까?"

"수분이 걸립니다."

나는 부검 감정서에 적힌 건조한 문장에 대해서도 설명했다. "매우 뚜렷한 방어흔이 나타난 것으로 미루어 짐작할 때 (…) 사망한 피해자가 격렬하게 저항했을 것으로 보인다." 나는 피해자가 죽음의 공포 앞에서 반복해 칼날을 잡으려고 했다는 근거로 절단된 세 손가락의 마디를 거론했다. 팔과 목에 부러진 채로 박혀 있던 칼날 조각도 잊지 않고 말했다. 찢어져 나온 내장, 발가락의 방어흔 역시 잊지 않았다. 그것은 그녀가 쓰러지고 나서도 공포에 사로잡혀 사투를 벌이며 저항했다는 근거였다.

나의 발표는 45분 정도 이어졌다. 법정은 조용하고 집중된 분위기였다. 그 순간에는 재판관뿐만 아니라 변호인단과 검사, 방청인, 공소참여인도 듣고 있을 거라는 사실에 대해서 생각하지 않았다. 나는 그 사건에, 그리고 율리아의 시신에 집중했다. 나는 철저하게 모든 정보를 제공하고, 아무것도 숨기지 않았다.

법정에 모인 사람들을 위한 사진 자료는 없었다. 그건 너무 충격적이었을 것이다. 베를린 범죄수사국은 현장에서 찍은 사진과 부검 사진 자료를 묶어 제출했고, 그것은 판사석 앞에 놓여 있었다. 나는 추가적으로 CT 이미지와 함께 여러 페이지의 보고서를 작성했다. 그 사진들을 사용해 범행 과정에 대해 설명했다. 검사와 변호사도 그것을 듣기 위해 판사석 쪽으로 왔다. 우리가 그때 이야기했던 내용은 방청석 앞줄에 앉아 있던 사람들에게도 분명 들렸을 것이다.

그로부터 한 시간 정도 후, 나는 법정에서 나갈 수 있었다. 그리고 그 자리에 있던 모두에게 쉬는 시간이 주어졌다.

"실례합니다, 질문이 하나 있습니다."

서류를 모두 챙기고 밖으로 나가려던 그때, 법정 앞 복도에서 한 중년의 남성이 내게 다가왔다. 그는 자신을 소개하지 않고, 그저 진지하고 슬픈 눈빛으로 나를 쳐다보았다. 나는 그를 향해 몸을 돌렸다.

"네, 무슨 일이시죠?"

"빠른 죽음이었나요?"

그 질문을 듣는 순간 그가 율리아의 아버지라는 생각이 머릿속에 번뜩 떠올랐다. 그녀의 아버지임이 분명했다. 참고로, 피해자의 부모는 공소참여인이다.

그러니까 그는 내 자리에서 몇 미터 떨어지지 않은 공소참여인석에 앉아 있었을 것이다. 내가 그의 딸이 입은 모든 상처를 하나하나 세세하게 묘사하던, 그것을 묘사할 수밖에 없었던 시간 내내 그 자리에 앉아 있었을 것이다.

이와 같은 상황에서는 법의학자의 역할을 잠시 잊고 싶다. 잠시 내려놓고, 그저 같은 사람이고 싶다. 마음 같아서는 그 남성을 안아주고, 애도와 안타까운 마음을 표현하고 싶었다. 그날 오전 법정에서 그의 마음이 어땠을지 도저히 가늠할 수 없었다. 먼저 간 자녀를 자신의 손으로 묻어야 하는 것보다 더 무서운 일이 있을까? 그것도 이렇게 잔혹한 방법에 의해 허망하게 사망한 경우라면? 나는 여전히 그의 질문에 답을 하지 못하고 서 있었다.

남성은 대답을 듣지 못한 상태로 그 자리에 있었다. 가족을 떠나보낸 뒤, 슬픔에 빠진 모든 유족이 알고 싶어 하는 그 질문. 오랫동안 고통스러웠을까요? 아니면 적어도 빠르게 지나갔나요?

그를 안심시켜야 할까? 미화하거나 상대화해서 이야기해

야 할까? 거짓말을 섞어서 위로를 건네야 할까?

하지만 나는 결국 법정에서 진술한 대로, 진실을 택해야만 한다.

"안타깝지만, 아마 빠른 죽음은 아니었을 겁니다."

비록 지고 말았지만, 이 젊은 여성은 마치 한 마리의 사자처럼 끝까지 자신의 삶을 지키고자 싸웠다.

나오며

이 책을 다 읽은 지금, 어쩌면 독자들이 약간의 오해를 할지도 모르겠다. 그러나 우려와 달리 모든 사건이 살해된 학생의 사건처럼 심란하지 않고, 발코니에서 발견된 남성의 사건처럼 잔인한 것도 아니며 화상을 입고 계단에서 사망한 여성의 사건처럼 끔찍하지도 않다.

심지어 법의학에서 밝은 사건을 마주할 때도 있다. 개인적으로 작년에 실시했던 부검 중 '베스트 2020'으로 꼽을 만한 사건은 한 노인의 시신을 살폈을 때였다. 그분은 사망 당시 92세였고, 생전에 박사 학위를 받았을 뿐 아니라 다섯 명의 자녀를 두었다. 좋은 삶이었다. 친인척의 말에 의하면, 그는 생전에 테라스에 누워 햇빛을 받는 걸 좋아했다고 한다. 시신으로 발견되었을 당시에도 그 상태였다.

　이 백발의 노인은 일광욕을 하던 중 편안하게 영면했다. 그런 그를 발견하기까지는 사흘이 걸렸다. 여름날의 열기와 햇빛이 그의 시신에 큰 타격을 입힌 후였다. 사망 당시의 정황이 불분명한 경우에는 늘 그렇듯, 경찰이 출동했다. 경찰은 고인의 자녀에게 이런저런 질문을 했다. 그들은 일제히 아버지가 살아생전에 과일이나 채소를 좋아하지 않았다고 했다. 그럼에도 이 남성은 92세까지, 그것도 꽤 좋은 건강 상태로 지내다가 빠르고 고통 없이 자신이 가장 좋아하던 자리에서 숨을 거두었다. 굉장히 낙관적인 이야기가 아닌가?

　15년 전쯤 박사 학위 논문을 막 마쳤을 때, 함부르크 출신의 유명하고 존경받는 마취과 교수였던 나의 지도교수가 앞으로의 계획에 대해 물었다. 나는 법의학 쪽으로 가는 것을 고려하고 있다고 이야기했다. 하지만 앞에서 서술한 것처럼 법의학자들은 이따금 다른 의사들이 저지른 실수를 밝혀야 할 때도 있다. 즉, 어떤 면에서는 다른 의사들의 일을 검사한다는 점에서 일부 사람들은 법의학자들이 동료에 대한 험담을 일삼는 이들인 것처럼 부정적인 시선으로 바라보기도 한다. 게다가 아침부터 저녁까지 시신만 보는 일이라니? 누군가를 구하거나 치료하는 기쁨을 느낄 일도 없고? 그런 면에서 교수님이 부정적인 반응을 보일 거라 예상했다. 그러나 놀랍게도, 교수님은 이렇게 말했다.

"잘 결정했네. 그렇게 하세요, 부쉬만 씨. 법의학은 시야를 날카롭게 만들지요."

당시에는 그가 정확히 어떤 의미로 그런 말을 했는지 이해하지 못했다. 하지만 지금은 안다. 죽은 이들을 만나는 일은 삶에 대한 관점을 바꾸어 놓았다. 그것도 긍정적인 방향으로 바꾸어 놓았다. 지금의 나는 하루하루를 소중히 여기는 법을 알고, 삶에서나 직업에서 어떤 행운을 누리는지도 알고, 어떤 혜택받은 환경에서 살고 있는지도 잘 안다. 이 일을 하면서 나는 삶의 기쁨은 물론, 유머 감각도 잃지 않았다.

게다가 부검실에서 했던 수년간의 실습은 인간의 몸, 발생 가능한 사망 원인, 범행 과정에 대한 시선을 예리하게 유지할 수 있게 만들어서 의학적 지식을 쌓는 면에서도 지루할 틈이 없었다. 또한 범죄 현장 조사, 법정 출석, 피해자와 가해자, 유족과의 교류는 우리의 활동 범위와 영향력까지 넓혀준다. 의사들은 보통 하나의 장기 혹은 한 가지 병상에 대해 높은 전문 지식을 갖는다. 반면 법의학자들은 더 넓은 사회적, 법적, 정치적 맥락을 본다. 물론, 우리가 보는 '큰 그림'이 항상 마음에 드는지는 또 다른 문제일 것이다.

당시에는 매우 먼 이야기였던 바람이, 오늘날에는 일반적인 일이 되었다. 이제 법의학은 다음 세대 양성에 관해 걱정하지 않는다. 오히려 그 반대이다. 요즘은 해마다 학생들이 말 그대로

'몰려온다'. 샤리테 병원에서는 의대생들이 학업 중 필수로 이수해야 하는 임상 실습을 위해 몇 년씩 기다려야 할 정도이다. '부검 및 표본 제작 어시스턴트'가 되기 위한 직업교육도 매우 인기가 많다. 법의학자를 도와서 장갑을 끼지 않은 채로 시신을 열고, 검사하고, 다시 봉합하던 사람들은 말수가 적고, 다소 괴상한 면이 있는 유형이었다. 현재는 젊은 여성들도 점점 더 많이 이 직업을 갖고자 한다. 의학 역시 다른 분야와 마찬가지로 충분히 오랫동안 남성들이 주도해 왔다. 나는 이러한 변화가 매우 반갑고 내가 지원할 수 있는 일이 있을 때마다 힘을 보태려 하고 있다.

시신과 부검에 대한 관심이 증가한 이유를 학술적으로 조사한 연구 결과가 있다. 이는 일명 'CSI 효과'라 불린다. 영리한 범죄 수사관과 똑똑한 법의학자들이 등장하는 텔레비전 프로그램이 전 세계적으로 인기를 끌고 있다. 실제 일어났던 범죄 사건들을 다루는 트루 크라임true crime 장르 역시 방송가, 출판 및 잡지 시장을 막론하고 붐을 일으키고 있다. (물론 이 책 역시 그 흐름의 결과물이다.) 아마도 시청자와 독자들은 적당하고 안전한 거리에서 섬뜩하고, 오싹하고, 무서운 이야기를 접하는 것을 즐기는 듯하다. 이와 함께 대중들의 법의학에 대한 시선 또한 다행스럽게도 서서히 바뀌고 있다. 앞서 이야기한 것처럼 우리는 지하에서 일하는 괴짜들이 아니라, 활발하게 소통하고 친밀한 분위기에서 일하는 사람들이다.

미디어에서 다루는 스펙터클한 사건과 피비린내 나는 끔찍한 픽션은 법의학자의 일상과는 거리가 멀다. 기본적으로 우리는 경찰도, 변호사도, 수사관도, 사설탐정도 아닌 의료 전문가이다. 우리가 부검하는 시신의 삼분의 일 정도는 부패로 변형된 시신들이다. 그리고 그중 적지 않은 수의 사람들이 홀로 외롭게 집에서 사망한 이들이다. 나의 추정에 따르면 지금 이 글을 쓰는 동안 베를린에서 적어도 50명의 사람들이 집 안에서 사망한 채로 쓰러져 있을 것이다. 독일 전역으로 따지면 그 수는 수백 명에 이를 수 있다.

부검대에 오르는 시신 중 많은 비율을 차지하는 또 다른 그룹은, 6장에서 다루었던 자살로 인한 사망자들이다. 그다음으로는 병원에서 불명확한 원인으로 사망한 이들이 있다. 또 교통사고로 목숨을 잃은 수많은 사람들이 있다. 독일에서는 여전히 한 해에 수천 명의 교통사고 사망자가 발생한다. 현실에서 우리가 살인사건을 마주하는 것은 예외적인 일이다. 절대 일상적이지 않다.

이 책을 통해 풀고 싶은 오해가 한 가지 더 있다. 법의학은 오래되고 한결같이 '손으로 하는 작업'에 가깝다. 방송에서 묘사하는 것과는 다르게, 별난 방식의 최신 기술을 적용하는 일은 매우 드물다. 외부 및 내부 검시의 규칙은 19세기 이후 거의 변경

되지 않은 상태로 유지되고 있으며, 마지막으로 중요한 수정이 이뤄진 것은 루돌프 비르코프Rudolf Virchow, 1821~1902 때였다. 부검에 핀셋, 메스, 현미경 외에 많은 것은 필요치 않다. 다만, 독물학과 DNA 조사에서는 엄청난 발전이 있었다. 심지어 시신이 완전히 부패한 후에도 무덤 주변의 토양에서 독극물을 검출하는 것이 가능해졌다.

하지만 우리가 일상 업무에서 사용하는 방법은 주로 눈으로 보고, 냄새를 맡고, 손으로 만져보고, 이를 종합해 기술하는 것이다. 우리의 분야는 사진술의 시대 이전으로 거슬러 올라가기 때문에 우리는 여전히 텍스트로 '그림'을 그리려고 한다. 검시와 부검에서 발견한 것들을 가능한 한 정확하게 묘사한다. 어떤 식으로 적는지 보여주기 위해 일부를 발췌해 본문에서 예시로 들었다. 우리의 전문 언어는 꽤 잘 이해할 수 있는 수준이라고 생각한다. 외래어 사용은 제한하며, 문장은 한눈에 읽히는 길이이다. 물론 의도된 바이다. 부검 감정서는 검사, 변호사, 판사, 때로는 유족 등 의료 전문가가 아닌 이들도 읽기 때문이다. 우리가 어떤 중요한 정보를 적어두었는지, 그들도 모두 이해할 수 있어야 한다.

우리가 작업할 때의 움직임도 대부분 비슷하다. 나는 이미 오래전부터 잠을 자면서도 할 수 있을 정도이다. 그래서 학생들에게 가끔 농담으로 "원숭이도 훈련을 받으면 부검할 수 있다."

라고 말하곤 한다. 그러나 원숭이는 자신이 발견한 것을 해석할 수는 없다. 그것이 가능하려면, 관찰과 판단할 수 있는 능력과 경험이 필요하다. 우리의 목적을 이루는 데 필요한 것은 의학적 지식과 건강한 상식의 혼합으로 이루어져 있다. 좋은 점은, 이 일은 시간이 지나면서 더 잘할 수 있게 된다는 것이다. 나는 베를린에서 2,000건이 넘는 부검을 진행했고 그 과정에서 풍부한 경험을 쌓았다.

의사들이 즐겨 하는 싱거운 농담 중에 이런 것이 있다. "외과의사는 모든 걸 할 수 있고, 아무것도 모른다. 내과의사는 모든 걸 알고, 아무것도 할 줄 모른다. 법의학자는 모든 걸 알고 모든 걸 할 수 있지만, 이미 늦었다."

그 말은 틀렸다! 우리가 하는 일은 죽은 이들의 말을 전달하는 것, 그 이상이기 때문이다. 우리가 하는 일은 살아 있는 이들에게도 도움이 된다. 연구의 상당 부분은 환자를 보호하는 것에 중점을 두고 있다. 예를 들면, 사망자에게 얻은 지식을 다른 분야의 의사들에게 전달하는 식이다. 개인적으로는 수년째 거리에서 중상을 입은 사람들, 일례로 사고 피해자들의 치료 품질을 개선하기 위해 노력해 왔다. 이는 분명 구급대원으로 다년간 일했던 경험이 영향을 미친 결과일 것이다. 어쨌든 다른 분야에 종사하는 사람들과 함께 의료 품질 관리 시스템을 위한 유일무이의 활동 단체를 설립했다.

우리의 목표는 부검을 통해 알게 된 지식을 바탕으로 새로운 대처 방법에 대해 함께 고민해 보고, 지금까지 유효했던 구급 지침을 비판적으로 생각함으로써 중상을 입은 사람들이 병원으로 이송되는 길에서 생존할 확률을 높이는 것이다. 예를 들면, 칼에 가슴이 찔린 사람에게 해야 하는 올바른 응급처치는 무엇인지, 불안정한 골반 부상이 있는 경우 어떤 장비를 사용해야 하는지, 대동맥박리가 의심되는 상황에서의 절차는 무엇인지와 같은 질문을 다룬다. 다양한 분야를 아우르는 학제 간 교류는 베를린에서 매우 유용했다. 이 결과가 독일 전체, 그리고 전 세계에도 알려질 수 있다면 좋겠다.

2020년은 의료계에 완전히 새로운 과제를 던져주었고, 그것은 법의학 분야에서도 마찬가지이다. 팬데믹 이후 몇 개월 동안, 우리는 아무도 모르게 각자의 집에 방치되어 있던 시신들을 부검했다. 팬데믹이 두려워 제때 병원을 찾지 않았던 걸까? 그렇다면 향후 팬데믹이 또 발생했을 때 이러한 환자들을 어떤 방법으로 보호할 수 있을까? 그 대답은 아직 찾지 못했지만, 이와 관련한 학술 연구는 이미 시작되었다. 물론 이 연구에는 법의학자들도 함께 참여하고 있다.

이 기회를 빌려 배울 점이 많았던, 멋지고 흥미로운 베를린에서의 13년을 함께한 훌륭한 동료들에게 감사 인사를 전하고 싶다. 2021년이 어떠했는지는, 어쩌면 다음 책에서 이야기할 수 있을지도 모른다. 그때까지 모두들 자신과 주변 사람들을 돌보며 건강하게 지내길 바란다!

2020년 11월
클라아스 부쉬만

감사의 말

먼저 나의 아내에게, 그녀의 사랑과 법의학자의 일상을 인내하고 이해해 준 노력에 고마움을 표현하고 싶다. 한밤중에 일어나 사건 현장으로 달려가야 했을 때도, 또 이런 일이 꽤 자주 있었음에도 아내는 직업에서 얻는 부담을 함께 견뎌주었다. 고마워, C. 당신이 최고야!

나와 함께 지난 몇 달간 '책'이라는 모험에 도전한 공동 저자 아스트리트 헤어볼트에게도 감사의 말을 전한다. 아스트리트는 여러 차례에 걸쳐 진행된 긴 인터뷰에서 올바른 질문들을 던졌고, 그 덕분에 이 이야기가 완성될 수 있었다. 큰 지원과 세심한 편집을 해준 울슈타인 출판사, 특히 한나 피에츠에게도 고마운 마음을 전한다.

이미 감사 인사를 건넨 베를린 샤리테 병원 법의학 연구소 동료들은 물론, 책에 서술된 사건들을 담당했던 경찰과 소방대, 구급대에도 진심 어린 감사를 전한다. 그들이 없다면, 우리의 삶은 지금과 같이 안전할 수 없었을 것이다.

1   Golembiewski, M. (2020): Todesfälle durch scharfe Gewalt in Berlin 2005–2015. Diss. med., Berlin.

2   Buschmann, C.; Tsokos, M. (2020): ≫Der 〉Corona-Suizid〈 − ein neues Suizidmotiv im Rahmen der Corona-Pandemie in Deutschland 2020.≪ In: Arch Kriminol 245 (5–6): p. 143–154.

3   Unger, M. (2013): Sexuell motivierte Tötungsdelikte in Berlin 1990–2010. Diss. med., Berlin.

4   Methling, M.; Krumbiegel, F.; Hastedt, M.; Buschmann, C.; Tsokos, M. (2016): ≫Abnormal hohe Blutalkoholkonzentrationen bei letaler Speisebreiaspiration infolge einer Mischintoxikation mit Cocain und Alkohol − eine Kasuistik.≪ In: Blutalkohol 53(6): p. 415–26.

5   Reimann, S.: Tötungsdelikte durch psychisch kranke Straftäter in Berlin von 2005–2015. Diss. med. (연구 진행 중), Berlin.

옮긴이
박은결 :
연세대학교 영어영문학과와 한국외국어대학교 통번역대학원 한독과를 졸업했다. 한국문학번역원(KLTI)의 한독과 특별 과정을 수료한 뒤 통번역사로 활동하면서 출판번역 에이전시 글로하나에서 인문학을 중심으로 다양한 분야의 독일서를 검토, 번역하고 있다. 역서로는 『자유로운 이기주의자』, 『용기력수업』, 『당신의 속도로, 당신의 순간에, 날마다 용감해지기』, 『별이 뜨지 않는 하늘은 없어』 등이 있다.

법의학이 밝혀낸 삶의 마지막 순간들

죽은 자가 말할 때

초판 1쇄 발행 2021년 11월 15일
초판 2쇄 발행 2021년 11월 30일

지은이 클라아스 부쉬만
옮긴이 박은결
펴낸이 권미경
기획편집 임경진
마케팅 심지훈, 강소연, 김재영
디자인 표지 디자인[★]규 | 본문 마인드윙
교정교열 김민영
펴낸곳 (주)웨일북
등록 2015년 10월 12일 제2015-000316호
주소 서울시 서초구 강남대로95길 9-10, 웨일빌딩 201호
전화 02-322-7187 | **팩스** 02-337-8187
메일 sea@whalebook.co.kr | **인스타그램** instagram.com/whalebooks

ISBN 979-11-90313-49-0 03300

소중한 원고를 보내주세요.
좋은 저자에게서 좋은 책이 나온다는 믿음으로, 항상 진심을 다해 구하겠습니다.